# ビジネス日本語
## における依頼表現

茅 桂英
ボウ ケイエイ

*Expressions of request in the business japanese*

# ビジネス日本語における依頼表現

## 【目　次】

## 【目　次】
## Contents

序　章 ………………………………………………………………… *1*

1. 本研究の目的 …………………………………………………… *1*

2. 依頼とは ………………………………………………………… *2*

3. これまでの研究 ………………………………………………… *3*

4. 本書の研究する立場 …………………………………………… *12*

5. 分類の方法と調査資料 ………………………………………… *12*

　5.1　表現形式の分類 …………………………………………… *12*

　5.2　社内用例と社外用例の分類 ……………………………… *13*

　5.3　調査資料 …………………………………………………… *13*

6. 本書の構成 ……………………………………………………… *14*

## 第一部
## ビジネス場面における現代書き言葉の依頼表現の使用実態

## 第1章　ビジネス文書マニュアル本における依頼表現 …………… *19*

1. はじめに ………………………………………………………… *19*

2. 調査 ……………………………………………………………… *21*

　2.1　調査資料 …………………………………………………… *21*

　2.2　表現形式の分類 …………………………………………… *21*

3. 2010年前後に刊行されたビジネス文書マニュアル本における
　依頼表現の使用状況 …………………………………………… *22*

　3.1　資料全体の依頼表現の出現傾向 ………………………… *22*

目　次　　v

　　　3.1.1　「～ので」＋依頼表現 ……………………………… 24

　　　3.1.2　「～が」＋依頼表現 ………………………………… 25

　　3.2　依頼表現の種類 …………………………………………… 26

　　　3.2.1　社外文書の依頼表現 ………………………………… 27

　　　3.2.2　社交文書の依頼表現 ………………………………… 32

　　　3.2.3　社内文書の依頼表現 ………………………………… 35

　4.　おわりに ………………………………………………………… 38


## 第2章　ビジネス場面における依頼表現
　　－銀行ホームページの「お知らせ」を調査対象として－ ……………… 41


　1.　はじめに ………………………………………………………… 41

　2.　調査 ……………………………………………………………… 41

　　2.1　調査目的 …………………………………………………… 41

　　2.2　表現形式の分類 …………………………………………… 41

　　2.3　調査方法 …………………………………………………… 42

　3.　みずほ銀行の「お知らせ」における依頼表現の使用状況 …… 42

　4.　りそな銀行の「お知らせ」における依頼表現の使用状況 …… 47

　5.　まとめ …………………………………………………………… 51


# 第二部
# ビジネス小説における依頼表現の使用実態・変遷


## 第3章　昭和後期のビジネス小説における依頼表現 ………… 57


　1.　はじめに ………………………………………………………… 57

　2.　これまでの研究 ………………………………………………… 57

| | | |
|---|---|---|
| 3. 調査 | ……………………………………………… | 58 |
| 3.1 調査目的 | ………………………………… | 58 |
| 3.2 調査資料 | ………………………………… | 58 |
| 3.3 表現形式の分類 | …………………… | 59 |
| 3.4 調査結果の概観 | …………………… | 59 |
| 4. 命令形で終わる文 | ……………………………… | 60 |
| 5. テ形で言いさす文 | ……………………………… | 62 |
| 6. 〈依頼する〉旨を明示的に述べる文 | ……… | 63 |
| 7. 肯定疑問文と否定疑問文 | ……………………… | 66 |
| 8. 希望を述べるという形をとる文 | ……………… | 69 |
| 9. まとめ | ………………………………………… | 71 |

## 第4章 平成以降のビジネス小説における依頼表現について …… 75

| | | |
|---|---|---|
| 1. はじめに | ………………………………………… | 75 |
| 2. これまでの研究 | …………………………………… | 75 |
| 3. 調査 | ……………………………………………… | 76 |
| 3.1 調査目的 | ………………………………… | 76 |
| 3.2 調査資料 | ………………………………… | 76 |
| 3.3 表現形式の分類 | …………………… | 77 |
| 3.4 調査結果の概観 | …………………… | 77 |
| 4. 命令形で終わる文 | ……………………………… | 79 |
| 4.1 「てくれ」 | ……………………………… | 79 |
| 4.2 「てください」と「お／ご〜ください」 | …… | 81 |
| 5. テ形で言いさす文 | ……………………………… | 83 |
| 6. 〈依頼する〉旨を明示的に述べる文 | ………… | 85 |

6.1 「頼む」 ………………………………………………………………… 87

7. 肯定疑問文 …………………………………………………………………… 87

8. 否定疑問文 …………………………………………………………………… 90

9. 希望を述べるという形をとる文 …………………………………………… 92

9.1 「てほしい」 …………………………………………………………… 92

9.2 「てもらいたい」 ……………………………………………………… 94

9.3 山田 (2004) の「E 類、F 類、G 類」 …………………………… 95

10. 直接依頼文と間接依頼文 ………………………………………………… 96

11. テクレル系依頼表現とテモラウ系依頼表現の比較 ………………… 97

12. まとめ ………………………………………………………………………… 100


# 第5章 「てください」の使用状況の変遷について
### ―ビジネス小説を調査対象として― ……………………………… 105


1. はじめに ……………………………………………………………………… 105

2. 研究目的 ……………………………………………………………………… 106

3. 調査方法と調査資料 ………………………………………………………… 106

4. 平成期のビジネス小説における使用状況 ……………………………… 107

4.1 「依頼」機能 …………………………………………………………… 107

4.1.1 「てください」の「依頼」機能 ……………………………… 107

4.1.2 「ないでください」の「依頼」機能 ……………………… 110

4.2 「勧め」機能 …………………………………………………………… 110

4.2.1 「てください」の「勧め」機能 ……………………………… 110

4.2.2 「ないでください」の「勧め」機能 ……………………… 111

5. 昭和後期のビジネス小説における使用状況 …………………………… 111

5.1 「依頼」機能 …………………………………………………………… 112

5.1.1 「てください」の「依頼」機能 ……………………………… 112

5.1.2 「ないでください」の「依頼」機能 ……………………………………… *117*

　　5.2 「てください」と「ないでください」の「勧め」機能……………………… *118*

6. おわりに……………………………………………………………………………… *118*

---

# 第三部
# 上下関係・ジェンダーの依頼表現に及ぼす影響

---

## 第6章　ビジネスドラマにおける依頼表現
### －上下関係・話し手の性別・聞き手の性別による影響－ ………………… *123*

1. はじめに ……………………………………………………………………………… *123*

2. これまでの研究……………………………………………………………………… *123*

3. 調査の概要 …………………………………………………………………………… *124*

　　3.1 調査対象と場面の分類方法 ………………………………………………… *124*

　　3.2 表現形式の分類 ……………………………………………………………… *125*

4. 『これは経費で落ちません！』の同部署における依頼表現の使用状況…… *126*

　　4.1 上位者に使用する依頼表現 ………………………………………………… *126*

　　4.2 同位者に使用する依頼表現 ………………………………………………… *128*

　　4.3 下位者に使用する依頼表現 ………………………………………………… *130*

5. 『わたし、定時で帰ります。』の同部署における依頼表現の使用状況 …… *134*

　　5.1 上位者に使用する依頼表現 ………………………………………………… *134*

　　5.2 同位者に使用する依頼表現 ………………………………………………… *136*

　　5.3 下位者に使用する依頼表現 ………………………………………………… *138*

6. 社内の同部署における依頼表現の使用傾向 …………………………………… *142*

　　6.1 上下関係による影響 ………………………………………………………… *143*

　　6.2 話し手の性別による影響 …………………………………………………… *144*

　　6.3 聞き手の性別による影響 …………………………………………………… *145*

7. おわりに……………………………………………………………………………… *145*

目次　ix

# 第四部
## 「くださる」系・「いただく」系・「いただける」系の実際の使用状況

### 第7章　ビジネス場面における依頼表現について
　　－企業で実際に用いられているメールを調査対象として－ …………………… *149*

1. はじめに ………………………………………………………………………… *149*
2. これまでの研究 ………………………………………………………………… *150*
3. 依頼表現の使用状況 …………………………………………………………… *150*
　　3.1　調査結果 ………………………………………………………………… *151*
　　3.2　例文 ……………………………………………………………………… *152*
4. 前接する語 ……………………………………………………………………… *153*
　　4.1　「くださいますよう」 …………………………………………………… *153*
　　4.2　「いただきますよう」 …………………………………………………… *154*
　　4.3　「いただけますよう」 …………………………………………………… *156*
　　4.4　「いただければ」 ………………………………………………………… *157*
　　4.5　「いただけませんか」 …………………………………………………… *159*
　　4.6　「くださるよう」 ………………………………………………………… *160*
　　4.7　「いただくよう」 ………………………………………………………… *160*
　　4.8　「いただけるよう」 ……………………………………………………… *161*
5. おわりに ………………………………………………………………………… *161*

### 第8章　「くださる」「いただく」「いただける」「賜る」
　　　　　について ……………………………………………………………… *163*

1. はじめに ………………………………………………………………………… *163*
2. 調査方法 ………………………………………………………………………… *163*

3. 「くださる」「いただく」「いただける」「賜る」の使用状況 ················· *164*

4. おわりに ········································································································· *170*


# 第9章　ビジネス場面における依頼表現
### －中国語母語話者と日本語母語話者とを比較して－ ································· *171*

1. はじめに ········································································································· *171*

2. 調査の概要 ····································································································· *172*

3. 社内における依頼表現の使用状況 ························································· *172*

4. 社外における依頼表現の使用状況 ························································· *179*

5. おわりに ········································································································· *183*


# 第五部
# 中国におけるビジネス日本語教育のあり方及び提案


# 第10章　中国のビジネス日本語会話教科書における依頼表現 ··· *189*

1. はじめに ········································································································· *189*

2. 調査 ················································································································· *190*

   2.1　調査目的 ································································································· *190*

   2.2　調査資料 ································································································· *190*

   2.3　表現形式の分類 ····················································································· *191*

3. 調査結果の概観 ····························································································· *191*

   3.1　社内と社外の会話場面における依頼表現 ··························· *191*

4. 命令形で終わる文 ························································································· *194*

5. テ形で言いさす文 ························································································· *200*

6. 〈依頼する〉旨を明示的に述べる文 ························································· *200*

7. 肯定疑問文 ····································································································· *205*

| | |
|---|---|
| 8. 否定疑問文 ……………………………………………………… | 205 |
| 9. 希望を述べるという形をとる文 ………………………………… | 209 |
| 10. 社内と社外における使用数の多い依頼表現形式……………… | 211 |
| 11. おわりに……………………………………………………………… | 212 |

# 終　章………………………………………………………………… 215

| | |
|---|---|
| 1. ビジネス場面における現代書き言葉の依頼表現の使用実態…… | 216 |
| 2. ビジネス小説における依頼表現の使用実態・変遷 …………… | 217 |
| 3. 上下関係・ジェンダーの依頼表現に及ぼす影響 ……………… | 219 |
| 4. 「くださる」系・「いただく」系・「いただける」系の実際の使用状況 ……… | 221 |
| 5. 中国におけるビジネス日本語教育のあり方及び提案 ………… | 223 |
| 6. 今後の課題……………………………………………………………… | 224 |

| | |
|---|---|
| 参考文献…………………………………………………………………… | 227 |
| 謝　辞 …………………………………………………………………… | 230 |

# 序　章

## １．本研究の目的

　依頼表現に関する研究は高村（2014）、安本（2009）、孫（2012）、相原（2015）などがあり、高村（2014）では日本語における依頼表現について、性別による違いと依頼内容の負担度による違いのそれぞれについて調査分析している。安本（2009）では依頼表現スタイルの日中対照研究を行なっている。孫（2012）では、授受行為の与え手と受け手の上下関係、心理的距離、相手に与える負担度の度合いの３つの要素から中国人学習者による「てもらう／ていただく」と「てくれる／てくださる」の使用実態を日本語母語話者のデータと比較し考察している。相原（2015）では文のタイプ、受益表現のタイプ、敬語の使用、自由侵害を認める表現の使用の４つの面から、相手との親しさ（親・疎の２段階）と相手の地位（同・やや上・上の３段階）が依頼表現の使用にどのように影響を与えているのかについて日中対照研究を行っている。これらの先行研究の調査対象者は学生であり、またアンケートの場面は相原（2015）の「写真を撮ってもらう」というような生活場面、孫（2012）で調査している学校場面は多いが、社会人のビジネス場面における依頼表現を対象とする調査は少ない。このように、依頼表現の研究は数多くなされているが、ビジネス場面における依頼表現の研究は少なく、研究の余地があると考えられる。ことに、ビジネスパーソンが会話する際に社内の人物に対する場合と社外の人物に対する場合とで依頼表現にいかなる相違があるかについては興味深い

課題である。また話し言葉と書き言葉では依頼表現の使用に違いがあると思われる。そのため、ビジネス場面における話し言葉と書き言葉ではどのような依頼表現が多く使われているか、またどのような違いがあるのかについて関心を抱いた。さらに、言語には史的変遷が考えられるので、昭和期から現在に至るまでビジネス場面で人々が使用する依頼表現に変化があるかどうかも確認したい。また授受動詞に由来する依頼表現が多く使われるようになるので、これらの依頼表現の使用実態を明らかにしたい。さらに依頼表現の使用に上下関係・ジェンダーなどによる影響を分析する。

また日本語教育において依頼表現に関する学習は、表現様式を句型として教えることが多く、場面や人間関係などを考慮した依頼表現の教育はまだ不十分である。そのため、日本語学習者が実際に異文化コミュニケーションを行う際に、なかなかうまく日本人との会話ができない場合が多い。本書ではビジネス場面における依頼表現に関するアンケート調査を行い、日本語母語話者と中国語母語話者が使用する日本語の依頼表現の実態を明らかにする。更にアンケート調査から得られた中国語母語話者が使用する依頼表現の傾向は中国のビジネス日本語教育と関係があるかどうかを確認するため、中国のビジネス日本語会話教科書における依頼表現を調査し、中国におけるビジネス日本語教育のあり方を明らかにする。

そこで、本書では人間関係や場面などを考慮した上で、書き言葉と話し言葉に分け、ビジネスの社内場面と社外場面における依頼表現の使用実態、また昭和期から現在に至るまでビジネス場面における依頼表現の使用に変化があるかどうかを調査することを目的とする。さらに依頼表現の規定要因、授受動詞に由来する依頼表現の実際の使用状況なども調査する。最後に中国におけるビジネス日本語教育のあり方を明らかにし、中国のビジネス日本語教育に提案できることを目指す。

## ２．依頼とは

依頼とは誰かに何かを頼む行為であり、依頼者は依頼目的の達成のため

に様々な表現を用いる。本書では森田（1985）を参考に、「依頼者である話し手側のために、その求めに相手が応ずるよう申し出る行為」であるものを「依頼」とする。

## 3.　これまでの研究
### 3.1　工藤（1979）

　工藤（1979）は昭和後期（戦後）の資料に現れた依頼表現を以下の表1のようにまとめている。工藤（1979）では「昭和後期に「てほしい」が盛んに使われるようになる。「ないでもらいたい」「ないでいただきたい」「ないでほしい」の例もみえるようになる」と指摘している。

表1　昭和後期　工藤（1979）より

| | 肯定の依頼表現形式 | 否定の依頼表現形式 |
|---|---|---|
| ていねい「てくれ」系 | てくれ | ないでくれ |
| | くれたまえ | くれたまえ |
| | おくれ | おくれ |
| | ください | ください |
| | くださいまし（せ） | くださいまし（せ） |
| | てちょうだい | ないでちょうだい |
| | て | ないで |
| | てもらいたい | ないでもらいたい |
| | ていただきたい | ないでいただきたい |
| | てほしい | ないでほしい |

## 3.2 小林（2003）

小林（2003）ではまず TV ドラマの台詞を確認し、その結果を踏まえ職場の自然談話資料における依頼表現の実態を分析している。「〜て / 〜ないで」「てください」「いただく」「お願いする」を含む語形が職場では男女問わず多く用いられ、その中でも「てください」は TV ドラマのやや改まった場面において、上司や同僚さらに部下といった様々な相手に対し最も多く使用される依頼形式であると指摘している。

## 3.3 蒲谷（2007）

蒲谷（2007）は「丁寧さ」の原理に基づく「許可求め型表現」に関する考察を行なっている。「シテモラッテモイイデスカ」「サセテモラッテモイイデスカ」のような「許可求め型表現」は「行動展開表現」における「丁寧さ」の原理に即した表現だといえると指摘している。

## 3.4 上原（2007）

上原（2007）では「ていただく」を「受動型ていただく」と「使役型ていただく」の二種類に分類している。

(1) こちらの携帯電話はどのぐらいお使いいただいていますか。

（客が故障した携帯電話を修理に出したとき、店員が客に聞く）

(上原 2007)

上原（2007）では、(1) のように、相手に対して依頼や指示など、使役的な働きかけがない場合を「受動型ていただく」としている。「使役型ていただく」の例 (2) を以下に示す。

(2) 明日の朝は、8 時にロビーに集合していただきます。

（グループ旅行の添乗員がツアー客に翌日の行動を指示する）

(上原 2007)

上原（2007）では、(2) のように、話者が相手にある行為をするよう、あるいはしないよう働きかける場合を「使役型ていただく」としている。

この「使役型ていただく」は本書で研究対象とする「いただきますよう」
と関わりがある。例えば、例(2)を変形すると、以下の例 (3) になる。

(3) 明日の朝は、8時にロビーに集合していただきますようお願い申し
上げます。

（上原 2007）

例 (3) を「くださいますよう」に変更すると、以下の例 (4) になる。

(4) 明日の朝は、8時にロビーに集合してくださいますようお願い申し
上げます。

（上原 2007）

この場合、「ていただきますよう」と「てくださいますよう」の両方が
使える。本書で研究の対象とする依頼表現「ていただきますよう」は上原
(2007) の「使役型ていただく」に当たる。


## 3.5　金澤（2007）

金澤（2007）では、自然な話し言葉における「くださる」「いただく」
の使われ方の実態について調査を行っている。調査の対象とした資料は以
下の三種類である。

①「上村コーパス」―母語話者50人に対するインタビュー実験データ
（1996）

②『女性のことば・職場編』―現代日本語研究会編（ひつじ書房、
1999）

③『男性のことば・職場編』―現代日本語研究会編（ひつじ書房、
2002）

調査はそれぞれの資料から、インフォーマントが使用した「てくださる」
と「ていただく」の変異形のすべてを抜き出し、それらのうちで、もう一
方の表現と入れ替えることが可能な場合を抽出して集計するという方法で
行っている。結果は表2の通りである。（なお、両者の総出現数も表の右
側に斜体で示しておく）

表2 「くださる」と「いただく」の比較

| 項目\資料 | 入れ替え可能な「くださる」と「いただく」 | | 総出現数 | |
|---|---|---|---|---|
| | くださる | いただく | くださる | いただく |
| 上村コーパス | 15 | 62 | 43 | 111 |
| 女性のことば | 12 | 71 | 63 | 116 |
| 男性のことば | 4 | 51 | 95 | 89 |
| 合　計 | 31 | 184 | 201 | 316 |
| 両者の比率 | 14.4 | 85.6 | 38.9 | 61.1 |

　金澤（2007）の調査により、話し言葉で「てくださる」と「ていただく」の両者が入り得る状況において、「ていただく」のほうがかなり高い割合で選択されていることが明らかになった。また「ていただく」のほうがかなり高い割合を占める理由として、金澤（2007）では、「てくださる」という表現は言うまでもなく「相手が」何かをするのであり、直接相手とかかわってゆく感覚を抱きやすい表現であると述べている。

　一方、「ていただく」のほうは、基本的に自分の側の問題であり、とりあえず相手とは直接かかわらないで済む感覚を表すものであると述べている。金澤（2007）ではその根拠について、相手となるべく直接なかかわりを持たない形で人間関係を維持していきたいというミーイズム的な心理が、無意識のうちにかかわっているとしている。

## 3.6　北澤（2008）

　北澤（2008）では、朝日新聞に掲載されたお詫び広告を調査している。

表3　新聞のお詫び広告における使用頻度（北澤2008より）

| 項目<br>年代 | お送りくださいますよう | お送りいただきますよう | 合　計 |
|---|---|---|---|
| 2000 | 3 （ 7%） | 38 （93%） | 41 （100%） |
| 2001 | 3 （14%） | 18 （86%） | 21 （100%） |
| 2002 | 17 （22%） | 61 （78%） | 78 （100%） |
| 2003 | 21 （28%） | 54 （72%） | 75 （75%） |
| 合計 | 44 （20%） | 171 （80%） | 215 （100%） |

　調査期間は2000年から2003年までの4年間である。調査結果は上表の表3の通りである（表3の数値は、北澤氏の企画立案に基づいて、2004年当時東京学芸大学院生であった張莉氏によって行われた調査結果である。）。

　表3から分かるように、「お送りくださいますようお願い申しあげます」より「お送りいただきますようお願い申し上げます」の方が圧倒的に使用されている。

　新聞のお詫び広告の調査結果と比較するために北澤（2008）では「国立国会図書館」における「国会会議録」検索システムを活用して用例を採集している。調査期間は2000年から2007年までの7年間である。調査結果は次ページの表4である。表4に示されているように、国会会議録では、「～くださいますよう…」と「～いただきますよう…」に関して、2000年から2007年までの7年間ほぼ拮抗した状態が続いていることが指摘されている。

　また、「～いただきますよう…」が広まった背景について、北澤（2008）

表 4　国会会議録における使用頻度（北澤 2008 より）

| 項目<br>年代 | くださいますよう | いただきますよう | 合　計 |
|---|---|---|---|
| 2000 | 124（52.3%） | 113（47.7%） | 237（100%） |
| 2001 | 169（49.1%） | 175（50.9%） | 344（100%） |
| 2002 | 145（42.9%） | 193（57.1%） | 338（100%） |
| 2003 | 138（44.5%） | 172（55.5%） | 310（100%） |
| 2004 | 179（51.0%） | 172（49.0%） | 251（100%） |
| 2005 | 151（52.1%） | 139（47.9%） | 290（100%） |
| 2006 | 163（50.9%） | 157（49.1%） | 320（100%） |
| 合　計 | 1069（48.8%） | 1121（51.2%） | 2190（100%） |

では、語用論と意味構造の観点から考察を行っている。まず、語用論について、以下のことが指摘されている。

　「〜いただく」→《依頼に対する承諾への恐縮》＋《行為に対する謝意》

　「〜くださる」→《行為に対する謝意》

　「〜いただく」は二重の恩恵を受けるという意味がある。「〜くださる」より高い敬意が感じられる。

（北澤 2008）

　また、「〜いただく」の方が、動作主を明示しない分だけ、間接的で婉曲な表現であると指摘している。意味構造について、「〜お送りいただきますよう…」を例とし、以下の構造を持つと指摘している。

　　「(ワタクシドモが)（アナタに）送っていただく」という行為を（ワタクシドモは）（アナタに）お願いする

（北澤 2008）

## 3.7 孫（2012）

　孫（2012）では、中国人日本語上級学習者80人と日本語母語話者50人を対象とし、授受行為の与え手と受け手の上下関係（上位・同等・下位）、心理的距離（親・疎）、相手に与える負担の度合い（高・低）などの要素を考慮した依頼場面を用い、授受補助動詞の使用事態を調査し、その使用と習得に関わる要因を探っている。

　中国人日本語学習者は日本語母語話者と比べ、「てもらう」より「てくれる」の授受補助動詞を多用していると指摘している。また、日本語母語話者は依頼表現のバリエーションが豊かなのに対し、中国人日本語学習者は授受補助動詞を好んで使用している傾向があるとも指摘している。その理由として、孫（2012）では、授受補助動詞が日本語教科書では依頼の発話行為と関連付けて取り上げられることが多いためではないかと推測している。孫（2012）の調査結果を以下の表5にまとめる。

表5　中国人学習者と日本語母語話者（孫2012より）

| 項目 ＼ 国籍 | 中国人学習者 | 日本語母語話者 |
|---|---|---|
| 上下関係 | 授受補助動詞を使い分け、行為者と上下関係を言語化する傾向がみられる。 | 上下関係より「ウチ・ソト」を重視する。 |
| 心理的距離 | 「てくれる」の使用は親疎と関係ない。「疎」の相手では、「てもらう」の使用率が明らかに高くなる。 | 「疎」の相手では、「てくれる」と比べて、「てもらう」の使用率が明らかに高くなる。 |
| 負担度の度合い | 負担度の高・低による授受表現の使用率に関する相異が見られない。 | 負担度が高くなるに従って、恩恵・利益を表す授受表現の使用率が増加。 |

## 3.8 野呂 (2015)

野呂 (2015) では、「いただきますようお願いします」は本来、相手に依頼し、相手がその行為を行うことで、話し手が恩恵を得るような文脈で用いられるのだが、話し手が恩恵を受けていると感じられないような実例も多数観察されると述べている。

野呂 (2015) にある話し手が恩恵を受けていると感じられないような実例を以下に示す。

(5)「自分の健康は自らが守る」という認識と自覚を高めていただき、年に一回の検診は積極的に<u>受けていただきますようお願いいたします。</u>

(6) 利用者の皆さんには、大変ご迷惑をおかけしますが、ほかの施設を<u>利用していただきますようお願いします。</u>

(7) 説明会では、立候補に必要な書類なども配布しますので、立候補あるいは立候補者を推薦しようと考えられている方は、必ず<u>ご出席していただきますようお願いします。</u>

(野呂 2015)

野呂 (2015) は、上原 (2007) は「使役型ていただく」は尊敬語に置き換えられないと述べているが、恩恵性が希薄化した場合、「ていただく」の代わりに尊敬語「お〜になる」「〜なさる」などへの置き換えが可能であると述べている。「ていただく」を尊敬語に置き換えると、以下のようになる。

(5)' 「自分の健康は自らが守る」という認識と自覚を高めていただき、年に一回の検診は積極的に<u>お受けになりますようお願いいたします。</u>

(6)' 利用者の皆さんには、大変ご迷惑をおかけしますが、ほかの施設を<u>ご利用になりますようお願いします。</u>

(7)' 説明会では、立候補に必要な書類なども配布しますので、立候補あるいは立候補者を推薦しようと考えられている方は、必ず<u>出席なさいますようお願いします。</u>

（野呂 2015）

　このように、「いただきますようお願いします」において、「いただく」の恩恵性が感じられないような用例では、「いただく」の部分を尊敬語に置き換えることが可能である。野呂（2015）は、このような「いただく」については、本来の恩恵性が希薄化し、尊敬語化したものと考えることができるとしている。

## 3.9　京野（2015）

　京野（2015）では、関西在住の日本人大学生21名を対象に以下の2つの調査を行っている。

　　①最近他者から援助を受けた状況について20分間でできるだけ多く想起し、状況毎に具体的に記述してもらった。（状況文）

　　②第一部で想定した状況文毎に、向かい合う人物から出ている吹き出しに援助時の会話を思い出し書き込んでもらった。（想起会話）

調査①の状況文では以下の例Aが挙げられている。

　A：部活の試合の行き帰りで、下級生は部の道具などを運ばなければならないが、けがをしていた時に、同級生が自分の分を分担して持ってくれた、分担して持ってくれたのは数人、向こうから提案してくれた。けがを気にかけてくれて、嬉しかった気持ちもあるが、同時に相手の荷物を増やしてしまい申しわけなくも思った。

（京野 2015）

調査①の結果によれば、テモラウよりテクレルが用いられやすい。調査②の想起会話は以下の例B、Cが挙げられている。

　B：受け手：ノートとか見せてもらってもいいですか（依頼表現）。
　　　与え手：いいよ。
　　　受け手：助かります。ありがとう。

　C：与え手：ケガしてるし、部の荷物は俺らで持つわ（与え手の申し出）、自分だけの分だけでええよ。

受け手：ほんま？でも、そっちの荷物増えるし大変やろ。

与え手：分けるし大丈夫。無理すんなって。

受け手：ごめんな、ありがとう。

（京野 2015）

　調査②の結果によれば、働きかけがテモラウと強く結びつかず、また、テクレルは与え手からの援助の申し出を伴う傾向があることが認められる。

## 3.10　野呂（2015）

　蒲谷（2007）を参考にして野呂（2015）は日本語の依頼表現の使用についてアンケート調査を行っている。その結果、「てもらう型」表現への偏り、特に「てもらってもいいですか」という「許可求め型依頼表現」が優勢であるという。さらに「許可求め型依頼表現」を使用する際、相手に対する敬意の度合いがそれほど高くないと指摘している。

## 4．本書の研究する立場

　本書では森田（1985）を参考に、「依頼者である話し手側のために、その求めに相手が応ずるよう申し出る行為」であるものを「依頼」とし、「聞き手の希望や利益を中心とした発想」から要求を行うものを「許容」とする。本書では「依頼」と「許容」を区別する一方、「依頼」と「指示」を区別しない立場を取る。

## 5．分類の方法と調査資料
### 5.1　表現形式の分類

　相原（2008）を参考にして表現形式を「直接依頼文」と「間接依頼文」に２分し、それぞれをさらに３分した（名称は本書で変えた点がある）。６つに分類したそれぞれについて、簡単に注記を添えておく。

　「命令形で終わる文」は「てくれ」「てください」「お / ご〜ください」

を含む。

「テ形で言いさす文」はテ形のあとに終助詞を添えたものや「〜ないで」を含む。

「〈依頼する〉旨を明示的に述べる文」とは「頼む」「頼みます」「お願いします」などで終わる文である。

「肯定疑問文」は「てくれる？」「てもらえますか」「願えますか」などである。

「否定疑問文」は「てもらえないか」「てくれないか」「ていただけませんか」「お願いできないでしょうか」などである。

「希望を述べるという形をとる文」は「てほしい」「てもらいたい」「ていただきたい」「てもらいましょう」「ていただくと助かる」などである。

以上のうち初めの3類が「直接依頼文」、あとの3類が「間接依頼文」である。

## 5.2　社内用例と社外用例の分類

同じ会社の人に依頼する場面を「社内」用例として収集し、取引のある他の会社の人や客に依頼する場面を「社外」用例として収集する。家族内の会話や仕事関係ではない相手との会話を対象外にする。また、本書では相手との関係は社内か社外かによって分類し、発話の場所を考慮に入れない。

## 5.3　調査資料

本書ではビジネス文書マニュアル本、銀行ホームページの「お知らせ」、昭和期から現在に至るまでのビジネス小説、ビジネスドラマ、企業で実際に使われているビジネスメール、アンケート、中国のビジネス日本語会話教科書を調査する。

14

## 6. 本書の構成

本書は序章と次の五部と終章によって構成されている。

序章

第一部　ビジネス場面における現代書き言葉の依頼表現の使用実態

第二部　ビジネス小説における依頼表現の使用実態・変遷

第三部　上下関係・ジェンダーの依頼表現に及ぼす影響

第四部　「くださる」系・「いただく」系・「いただける」系の実際の使用状況

第五部　中国におけるビジネス日本語教育のあり方及び提案

終章

### 6.1　序章

本書の全体的な考え方、目的、これまでの研究、本書の研究する立場、分類方法、調査資料、構成などを述べた。

### 6.2　第一部　ビジネス場面における現代書き言葉の依頼表現の使用実態

以下、第1章から第10章までが本論に当たる。第一部は第1章、第2章によって構成されている。第1章は2010年前後に刊行されたビジネス文書マニュアル本における依頼表現の使用状況を社内・社外・社交別に調査分析した。第2章は銀行ホームページの「お知らせ」における依頼表現の使用状況を調査分析した。

### 6.3　第二部　ビジネス小説における依頼表現の使用実態・変遷

第二部は第3章、第4章、第5章の三章によって構成されている。ビジネスパーソンが会話する際に社内の人物に対する場合と社外の人物に対する場合とで依頼表現にいかなる相違があるかについては興味深い課題である。これを検討するための言語資料としては現実のビジネス場面における会話は個人情報・企業秘密の観点から言語資料としては使用しにくい

が、これに準ずる資料としてはビジネス小説が有効であると考えられる。このビジネス小説は昭和戦後期から現れた分野で今日まで多数の作品があり、そのため言語資料としてもすでに史的変遷を検討し得る年月を有するに至っている。昭和後期から今までの依頼表現の使用変遷を確認するため、第3章では昭和後期に出版されたビジネス小説を対象資料として依頼表現を抽出して考察を行った。第4章は平成以降に出版されたビジネス小説を調査資料として依頼表現の使用実態を明らかにした。ビジネス小説では「てください」が社内・社外のいずれにも多く使われている。また森（2010）は、1880・1890年代生まれの作者が受益型を下位者に対して用いるのは一般的とは言えず、1940年代生まれの作者では下位者に対して受益型を用いることが一般的となると指摘しているが、いつ頃から下位者に対して使うようになったのかはまだ明らかにされていない。そこで、第5章では「てください」を取り上げ、昭和後期から現在に至るまでの使用状況の変遷を明らかにする。

## 6.4 第三部 上下関係・ジェンダーの依頼表現に及ぼす影響

第三部は第6章によって構成されている。第6章ではビジネスドラマを調査資料とし、社内の同部署に重点を置き、相手との上下関係、話し手の性別、また聞き手の性別が依頼表現の使用にどのように影響を与えているのかを検証した。

## 6.5 第四部 「くださる」系・「いただく」系・「いただける」系の実際の使用状況

第四部は第7章、第8章、第9章の三章によって構成されている。第7章はビジネスメールを調査資料として「くださる」系・「いただく」系・「いただける」系依頼表現の実際の使用状況を確認した。第8章は銀行ホームページの「お知らせ」を調査資料として「くださる」「いただく」「いただける」「賜る」の使用状況・変遷を調査した。第9章はアンケート調査

16

を行い、中国語母語話者と日本語母語話者の「くださる」系・「いただく」系・「いただける」系依頼表現の使用状況を確認した。

## 6.6 第五部 中国におけるビジネス日本語教育のあり方及び提案

第五部は第 10 章に収める。第 10 章は中国のビジネス日本語会話教科書における依頼表現を調査して中国のビジネス日本語教育のあり方を明らかにした。また問題点について、いくつかの提案をした。

## 6.7 終章

最後に、本書の考察したことを簡単にまとめ、書き言葉と話し言葉における依頼表現の使用実態、ビジネス小説における依頼表現の使用変遷、上下関係・ジェンダーが依頼表現の使用に与える影響、「くださる」系・「いただく」系・「いただける」系依頼表現の実際の使用状況・変遷、中国におけるビジネス日本語教育のあり方を概観する。さらに、今後の課題などを明らかにする。

# 第一部

## ビジネス場面における現代書き言葉の依頼表現の使用実態

# 第1章　ビジネス文書マニュアル本における依頼表現

## 1. はじめに

　依頼とは誰かに何かを頼む行為であり、依頼者は依頼目的の達成のために様々な表現を用いる。また話し言葉と書き言葉の違いが表現に反映している可能性もある。依頼表現の研究は数多くなされているが、ビジネス場面における依頼表現の研究は少なく、研究の余地があると考えられる。

　茅（2021）ではビジネスメールを対象に、ビジネス場面における依頼表現の使用実態を調査して以下の指摘をしている。

　①「～くださいますよう…」と「～いただきますよう…」の使用数は、先行研究の結果と同様にほぼ拮抗した状態が続いている。

　②　8つの依頼表現の中では「いただければ」の用例数が最も多く、「くださいますよう」と「いただきますよう」を超え、最も多く使われている依頼表現である。

　③「くださるよう」と「いただくよう」に関して、先行研究の結果と比べると「いただくよう」はまだ使われているが、「くださるよう」は現在あまり使われていない。

　④「いただけますよう」の用例数は少なくないが、「いただけるよう」と「いただけませんか」はあまり使われていない。

　工藤（1979）では否定の依頼を表す表現形式も、肯定の依頼を表す表現に対応して次々と発達してきたと指摘されているが、茅（2021）では否定の依頼を表す表現と肯定の依頼を表す表現を区別していない。小林

（2003）ではまずTVドラマの台詞を確認し、その結果を踏まえ職場の自然談話資料における依頼表現の実態を分析している。分析の結果、「～て/～ないで」、「てください」「いただく」「お願いする」を含む語形が職場では男女問わず多く用いられること、その中でも「てください」はTVドラマのやや改まった場面において、上司や同僚さらに部下といった様々な相手に対し最も多く使用される依頼形式であることを指摘している。金澤（2007）では、自然な話し言葉の資料における「くださる」と「いただく」の両者の使われ方の実態について、調査を行い、話し言葉での「てくださる」と「ていただく」の両者が入り得る状況において、「ていただく」のほうがかなり高い割合で選択されていることは確かであると指摘している。「ていただく」のほうがかなり高い割合を占める理由としては、相手となるべく直接的なかかわりを持たない形で人間関係を維持していきたいというミーイズム的な心理が、無意識のうちにかかわっているとされていると指摘している。北澤（2008）では、現代の日本において、「いただきますよう」が「くださいますよう」とほぼ同等か同等以上に頻繁に使用されていると指摘している。「いただきますよう」が広まった背景について、「～いただく」は依頼に対する受諾と行為という二重の恩恵を受けることがあると指摘している。「～くださる」より高い敬意が感じられる。また、「～いただく」の方が、動作主を明示しない分だけ、間接的で婉曲な表現であると指摘している。

　「くださるよう」と「いただくよう」、また「くださいますよう」と「いただきますよう」について、ビジネス文書マニュアル本における使用状況はどうなっているのか、また同じ書き言葉であるビジネス文書マニュアル本における依頼表現の使用状況はビジネスメールにおける依頼表現の使用状況と異なるかどうかを明らかにしたい。本章では2010年前後に刊行されたビジネス文書マニュアル本を調査し、依頼表現の使用状況を分析する。

## 2. 調査

### 2.1 調査資料

調査資料は以下の通りである。

　　山崎（2007）『極意がわかるビジネス文書の書き方とマナー』高橋書店

　　横須賀・藤井（2008）『そのまま使えるビジネス文書文例集「ダウンロード特典付き」』かんき出版

　　鈴木（2010）『すぐに使えるビジネス文書実例集』新星出版

以下、『極意がわかる』『そのまま』『すぐに使える』と略称する。『そのまま』の著者は横須賀と藤井であり、監修は岡田哲と諸星美智直が行っている。


### 2.2 表現形式の分類

相原（2008）を参考にして表現形式を「直接依頼文」と「間接依頼文」に2分し、それぞれをさらに3分した（名称は本章で変えた点がある）。6類に分類したそれぞれについて、簡単に注記を添えておく。

「命令形で終わる文」は「てくれ」「てください」「お/ご〜ください」を含む。

「テ形で言いさす文」はテ形のあとに終助詞を添えたものや「〜ないで」を含む。

「〈依頼する〉旨を明示的に述べる文」とは「頼む」「頼みます」「お願いします」などで終わる文である。

「肯定疑問文」は「てくれる？」「てもらえますか」「願えますか」などである。

「否定疑問文」は「てもらえないか」「てくれないか」「ていただけませんか」「お願いできないでしょうか」などである。

「希望を述べるという形をとる文」は「てほしい」「てもらいたい」「ていただきたい」「てもらいましょう」「ていただくと助かる」などである。

以上のうち初めの 3 類が「直接依頼文」、あとの 3 類が「間接依頼文」である。

## 3. 2010 年前後に刊行されたビジネス文書マニュアル本における依頼表現の使用状況

本章では森田（1985）を参考に、「依頼者である話し手側のために、その求めに相手が応ずるよう申し出る行為」であるものを「依頼」とする。依頼表現形式（文末形式）を取り上げて分析を行う。

### 3.1 資料全体の依頼表現の出現傾向

3 冊の依頼表現の用例数を表 1-1 に示す。（ ）は各マニュアル本が載せている文書数である。以下の表は同様である。「使用率」は文書数に対する用例数である。

『極意がわかる』では 319 の文書の中に依頼表現の用例が 402 例あり、『そのまま』では 250 の文書の中に依頼表現の用例が 239 例ある。『すぐに使える』は用例数も文書数も 3 冊の中で最も多く、374 の文書の中に依頼表現の用例数が 483 例ある。3 冊のビジネス文書マニュアル本では依頼表現は高い頻度で使われていると言える。また 1 つの文書の中には同一の依頼表現のタイプが出現する場合がある。『極意がわかる』では 17 文書（使用率 0.05）、『そのまま』では 8 文書（使用率 0.03）、『すぐに使える』では 15 文書（使用率 0.04）の中に同一の依頼表現のタイプが出現した。出現した同一の依頼表現には「お / ご〜ください」「のほどお願い申し上げます」などが多く見られる。社内文書の回答書や報告書などでは依頼表現があまり使われないため、表 1-1 に示した通り社内文書より社交文書と社外文書の方が依頼表現は多く使われている (注1)。依頼表現形式に関する使用状況を表 1-2 に示す。

表 1-2 に示す通り、3 冊のいずれも間接依頼文より直接依頼文のほうが多く使用されている。そのうち、直接依頼文の「〈依頼する〉旨を明示的

第 1 章　ビジネス文書マニュアル本における依頼表現　　23

表 1-1　3 冊における依頼表現の使用状況

|  | 『極意がわかる』 | 使用率 | 『そのまま』 | 使用率 | 『すぐに使える』 | 使用率 |
|---|---|---|---|---|---|---|
| 社外 | 219 (113) | 1.94 | 162 (131) | 1.24 | 330 (165) | 2.00 |
| 社交 | 98 (94) | 1.04 | 40 (49) | 0.82 | 73 (69) | 1.06 |
| 社内 | 85 (112) | 0.76 | 37 (70) | 0.53 | 80 (140) | 0.57 |
| 合計 | 402 (319) | 1.26 | 239 (250) | 0.96 | 483 (374) | 1.29 |

表 1-2　依頼表現形式に関する使用状況

|  | 依頼表現 | 極意がわかる | そのまま | すぐに使える | 合計 |
|---|---|---|---|---|---|
| 直接依頼文 | 命令形で終わる文 | 80 | 60 | 84 | 224 |
| | テで言いさす文 | 0 | 0 | 0 | 0 |
| | 〈依頼する〉旨を明示的に述べる文 | 228 | 132 | 281 | 641 |
| | 合計 | 308 | 192 | 365 | 865 |
| 間接依頼文 | 肯定疑問文 | 0 | 0 | 0 | 0 |
| | 否定疑問文 | 3 | 6 | 7 | 16 |
| | 希望を述べるという形をとる文 | 91 | 41 | 111 | 243 |
| | 合計 | 94 | 47 | 118 | 259 |
| | 総合計 | 402 | 239 | 483 | 1124 |

に述べる文」の用例は 641 例であり、全用例の 57％を占めている。また「〈依頼する〉旨を明示的に述べる文」に次いで、「希望を述べるという形をと

る文」と「命令形で終わる文」も多く使われている。一方、「否定疑問文」は 16 例しか使われず、「テ形で言いさす文」と「肯定疑問文」の用例は見られない。

### 3.1.1 「～ので」＋依頼表現

「～ので＋依頼表現」の使用状況を表 1-3 に示す。

(1) 同時に電話番号も変更となりますので、誠にお手数ですが、お手元の名簿等を変更していただきたくお願い申し上げます。(社外文書)

(山崎 ,2007,p65)

(2) 業績は伸びていますので、引き続き業務に精励するよう、お願いいたします。(社内文書)

(横須賀・藤井 ,2008,p227)

(3) 不躾な申し出で恐縮ですが、支払い条件については貴社の規定に従いますので、なにとぞご賢察の上、ご承諾くださいますようお願い申し上げます。(社外文書)

(鈴木 ,2010,p71)

　表 1-3 に示す通り、『極意がわかる』の 319 文書の中に「～ので＋依頼表現」の用例は 84 例である。『そのまま』は 250 文書の中に「～ので＋依頼表現」の用例は 76 例であり、『すぐに使える』は 374 文書の中に「～ので＋依頼表現」の用例は 101 例である。話し手が相手に何かを依頼す

表 1-3 「～ので」＋依頼表現の使用状況

| | 『極意がわかる』 | 使用率 | 『そのまま』 | 使用率 | 『すぐに使える』 | 使用率 |
|---|---|---|---|---|---|---|
| 社外 | 47 (113) | 0.42 | 48 (131) | 0.37 | 60 (165) | 0.36 |
| 社交 | 21 (94) | 0.22 | 14 (49) | 0.29 | 24 (69) | 0.35 |
| 社内 | 16 (112) | 0.14 | 14 (70) | 0.20 | 17 (140) | 0.12 |
| 合計 | 84 (319) | 0.26 | 76 (250) | 0.30 | 101 (374) | 0.27 |

る前に、まず理由を述べる傾向が見られる。それは「〜ので」と理由を付けて、だから頼むというのは引き受けやすい言い方になるからであろう。

　しかし、安本（2009）は日本語では依頼内容を述べた後節に、依頼理由を付け足して説明すると指摘しているが、今回調査したビジネス文書における依頼表現はまず理由を述べてから依頼する傾向が見られる。安本（2009）で指摘した内容との違いについて、安本（2009）の調査した資料は話し言葉資料であり、話し言葉と書き言葉による違いではないかと考えられる。

### 3.1.2 「〜が」＋依頼表現

　依頼する前に理由を表す「ので」の他に、「お手数ですが」「恐縮ですが」などのような「〜が」の使用も多く見られる (注2)。3冊における依頼表現の前の「〜が」の使用状況を表1-4に示す。『極意がわかる』では、依頼表現の前の「〜が」の使用例は86例であり、『そのまま』と『すぐに使える』はそれぞれ45例、98例である。3冊の社内文書では、依頼表現の前の「〜が」は全体の傾向として用例数は多くないが、社外文書、次いで社交文書では多く使われている。

　（4）つきましては、お手数ですが、同封のアンケート用紙の回答欄にご記入の上、3月28日(木)までにご返送願いたく存じます。　（社外文書）

表1-4　「〜が」＋依頼表現の使用状況

|  | 『極意がわかる』 | 使用率 | 『そのまま』 | 使用率 | 『すぐに使える』 | 使用率 |
|---|---|---|---|---|---|---|
| 社外 | 60 (113) | 0.53 | 32 (131) | 0.24 | 78 (165) | 0.47 |
| 社交 | 24 (94) | 0.26 | 10 (49) | 0.20 | 14 (69) | 0.20 |
| 社内 | 2 (112) | 0.02 | 3 (70) | 0.04 | 6 (140) | 0.04 |
| 合計 | 86 (319) | 0.27 | 45 (250) | 0.18 | 98 (374) | 0.26 |

26

（山崎 ,2007,p82)

(5) つきましては、ご多忙中誠に<u>恐れ入りますが</u>、同封の回答用紙にご記入のうえ、<u>ご返送いただきたくお願い申し上げます。</u>（社外文書）

（横須賀・藤井 ,2008,p123)

(6) <u>お手数をおかけしますが</u>、ご高覧の上、<u>なにぶんにもご高配賜りますよう、よろしくお願い申し上げます。</u>　（社外文書）

（鈴木 ,2010,p35)

　例（4）〜（6）は相手に依頼をすることを予め知らせるもので、広い意味での前置きを提示する表現と言えるのではないだろうか。例（4）はアンケートの協力を得るために依頼する前に「お手数ですが」が使われている。例（5）は回答要旨の記入と返送に関する依頼である。「恐れ入りますが」を使うことで、「申し訳ない」という気持ちを表してから依頼する。「お手数ですが」「恐れ入りますが」「お手数をおかけしますが」といった前置き表現は要件内容が相手に与える負担の程度によって異なっている。相手への負担に配慮する言い回しになっており、それが、後の要件内容へとスムーズに導いているのではなかろうか(注3)。前掲の例（1）と例（3）のように、依頼する前に、「〜ので」と「〜が」の両方が使われる場合がある。例（1）はまず理由を述べ、それから和らげる効果のある「〜が」の続きに依頼をする。例（3）は例（1）と異なり、和らげる効果のある「〜が」の後に、理由を述べ、最後に依頼する。このように、相手に断られず、快く引き受けてもらうために理由を表す「〜ので」とやわらげる効果のある「〜が」が用いられる。例（1）と例（3）のような文は依頼の定型的な文として使われているのではないかと考えられる。

## 3.2　依頼表現の種類

　『極意がわかる』『そのまま』『すぐに使える』の 3 冊における依頼表現の使用状況を検討する。本章ではデータを集計する時に、「くださいますようお願い申し上げます」と「くださいますよう、お願い申し上げます」

### 3.2.1　社外文書の依頼表現

　社外文書、社交文書、社内文書別に依頼表現を抽出したのが次ページ以下の表1-5、表1-6と表1-7である。

　表1-5に示す通り、社外文書では「お / ご〜ください」「くださいますようお願い申し上げます」「のほどお願い申し上げます」が主な依頼表現として使われている。社外文書では敬意の高い依頼表現が使われていると言える。また114種類の依頼表現があり、バリエーションが豊富である。その理由は取引先や顧客などに対して状況により様々な依頼表現形式が使われているからではないかと考えられる。以下に例文を示す。

(7) 恐れ入りますが、<u>お振込み手数料は御社でご負担ください。</u>（社外文書）

（山崎 ,2007,p153）

(8) カタログを同封いたしますので、<u>どうかご検討くださいますようお願い申し上げます。</u>（社外文書）

（山崎 ,2007,p95）

(9) なお、本状と行き違いに既にお振込みいただきました節は、<u>何卒ご容赦のほどお願い申し上げます。</u>（社外文書）

（山崎 ,2007,p143）

　社外文書では理由を述べる「ので」、和らげる効果のある「〜が」が多く使われている。また「お願いします」「お願いいたします」より「お願い申し上げます」が多く使われている。社外文書では「お / ご〜ください」は3冊の中で合計88例あるが、「てください」は2例しか使われていない。「いただきたく」について、『極意がわかる』と『すぐに使える』の2冊の社外文書では「いただきたく」が多く使われているが、『そのまま』では3例しか見られず、ビジネスマニュアル本による違いが見られた。

表 1-5　社外文書における依頼表現

| 依頼表現 | 極意がわかる | そのまま | すぐに使える | 合計 |
|---|---|---|---|---|
| 命令形で終わる文 | 28 | 38 | 24 | 90 |
| てください | 1 | 1 | 0 | 2 |
| お / ご〜ください | 27 | 37 | 24 | 88 |
| 〈依頼する〉旨を明示的に述べる文 | 120 | 88 | 206 | 414 |
| いただきますよう | 8 | 28 | 11 | 47 |
| いただきますようお願い申し上げます | 7 | 19 | 8 | 34 |
| いただきますようお願いいたします | 1 | 9 | 3 | 13 |
| 賜りますよう | 19 | 8 | 24 | 51 |
| 賜りますようお願い申し上げます | 16 | 8 | 24 | 48 |
| 賜りますようお願いいたします | 1 | 0 | 0 | 1 |
| 賜りますよう ご懇願申し上げます | 1 | 0 | 0 | 1 |
| 賜りますようご案内申し上げます | 1 | 0 | 0 | 1 |
| いただけますよう | 4 | 1 | 1 | 6 |
| いただけますようお願い申し上げます | 3 | 0 | 1 | 4 |
| いただけますようお願いいたします | 0 | 1 | 0 | 1 |
| いただけますよう願っております | 1 | 0 | 0 | 1 |
| くださいますよう | 37 | 16 | 59 | 112 |
| くださいますようお願い申し上げます | 33 | 11 | 49 | 93 |
| くださいますようお願いいたします | 3 | 5 | 9 | 17 |
| くださいますようお願いします | 0 | 0 | 1 | 1 |
| くださいますようご案内いたします | 1 | 0 | 0 | 1 |
| くださるよう | 0 | 2 | 1 | 3 |
| くださるようお願い申し上げます | 0 | 2 | 0 | 2 |
| くださるようお願いいたします | 0 | 0 | 1 | 1 |
| お願いできますよう | 0 | 2 | 0 | 2 |
| お願いできますようお願いいたします | 0 | 2 | 0 | 2 |
| 合計 | 68 | 57 | 96 | 221 |
| 名詞（を）（お）願い | 9 | 10 | 22 | 41 |
| 名詞（を）お願い申し上げます | 4 | 0 | 16 | 20 |
| 名詞（を）お願いいたします | 2 | 10 | 6 | 18 |
| 名詞（を）お願いします | 2 | 0 | 0 | 2 |
| 名詞（を）願います | 1 | 0 | 0 | 1 |

| | | | | |
|---|---|---|---|---|
| のほど | 18 | 10 | 59 | 87 |
| のほどお願い申し上げます | 15 | 5 | 48 | 68 |
| のほどお願いいたします | 3 | 5 | 11 | 19 |
| （お）お願い | 24 | 11 | 28 | 63 |
| お願い申し上げます | 20 | 6 | 16 | 42 |
| お願いいたします | 4 | 5 | 9 | 18 |
| お願いします | 0 | 0 | 2 | 2 |
| お願います | 0 | 0 | 1 | 1 |
| 合計 | 51 | 31 | 109 | 191 |
| ないようお願いいたします | 0 | 0 | 1 | 1 |
| なきよう～のほどお願い申し上げます | 1 | 0 | 0 | 1 |
| 合計 | 1 | 0 | 1 | 2 |
| 否定疑問文 | 2 | 6 | 7 | 15 |
| お願いできないものでしょうか | 0 | 0 | 2 | 2 |
| お願いできませんでしょうか | 0 | 1 | 0 | 1 |
| （お）願えないでしょうか | 1 | 1 | 0 | 2 |
| いただけないでしょうか | 1 | 3 | 1 | 5 |
| いただけないものでしょうか | 0 | 0 | 1 | 1 |
| いただけませんでしょうか | 0 | 1 | 1 | 2 |
| いただくわけにはまいりませんでしょうか | 0 | 0 | 2 | 2 |
| 希望を述べるという形をとる文 | 69 | 30 | 93 | 192 |
| いただきたいと | 4 | 2 | 0 | 6 |
| いただきたいと思います | 2 | 1 | 0 | 3 |
| いただきたいと考えます | 2 | 1 | 0 | 3 |
| いただきたく | 25 | 3 | 23 | 51 |
| いただきたくご通知申し上げます | 0 | 0 | 1 | 1 |
| いただきたくお便り申し上げた次第です | 0 | 0 | 1 | 1 |
| いただきたくお手紙差し上げた次第です | 0 | 0 | 1 | 1 |
| いただきたく本状をしたためました次第です | 0 | 0 | 1 | 1 |
| いただきたくお申し入れいたします | 0 | 0 | 1 | 1 |
| いただきたく懇願申し上げる次第です | 1 | 0 | 0 | 1 |
| いただきたくお願い申し上げる次第です | 1 | 0 | 0 | 1 |
| いただきたく強くお誘い申し上げる次第です | 1 | 0 | 0 | 1 |
| いただきたくご案内申し上げます | 2 | 0 | 0 | 2 |
| いただきたくお願い申し上げます | 14 | 1 | 13 | 28 |
| いただきたくお願いいたします | 0 | 1 | 1 | 2 |
| いただきたく存じます | 6 | 1 | 4 | 11 |

| | | | | |
|---|---|---|---|---|
| させていただきたく | 5 | 6 | 13 | 24 |
| させていただきたく存じます | 3 | 4 | 5 | 12 |
| させていただきたく本状をしたためました次第です | 0 | 0 | 1 | 1 |
| させていただきたくご協力を要請いたします | 0 | 1 | 0 | 1 |
| させていただきたくご連絡申し上げます | 0 | 0 | 1 | 1 |
| させていただきたくご連絡を差し上げました | 1 | 1 | 0 | 2 |
| させていただきたくお願い申し上げる次第です | 1 | 0 | 1 | 2 |
| させていただきたくご相談申し上げます | 0 | 0 | 1 | 1 |
| させていただきたくお願い申し上げます | 0 | 0 | 4 | 4 |
| させていただきたい | 4 | 3 | 3 | 10 |
| させていただきたいと考えています | 1 | 0 | 1 | 2 |
| させていただきたいと思います | 1 | 1 | 0 | 2 |
| させていただきたいと存じます | 2 | 2 | 2 | 6 |
| 賜りたく | 7 | 3 | 5 | 15 |
| 賜りたくお願い申し上げます | 3 | 0 | 3 | 6 |
| 賜りたく存じます | 4 | 0 | 1 | 5 |
| 賜りたくお願いする次第でございます | 0 | 1 | 0 | 1 |
| 賜りたくご依頼申し上げる次第でございます | 0 | 1 | 0 | 1 |
| 賜りたくお願い申し上げる次第でございます | 0 | 1 | 1 | 2 |
| 合計 | 45 | 17 | 44 | 106 |
| お願いしたいと／願いたいと | 2 | 5 | 3 | 10 |
| お願いしたいと考えます | 0 | 3 | 1 | 4 |
| お願いたいと存じます | 0 | 0 | 1 | 1 |
| 願いたいと存じます | 0 | 0 | 1 | 1 |
| お願いしたいと思い至った次第です | 1 | 0 | 0 | 1 |
| お願いしたいと思います | 1 | 2 | 0 | 3 |
| 願いたく／お願いしたく | 7 | 2 | 3 | 12 |
| お願いしたく存じます | 1 | 0 | 1 | 2 |
| 願いたく存じます | 6 | 2 | 0 | 8 |
| お願いしたく本状をしたためた次第です | 0 | 0 | 1 | 1 |
| 願いたくお願い申し上げます | 0 | 0 | 1 | 1 |
| したく | 3 | 0 | 3 | 6 |
| したくお願い申し上げます | 2 | 0 | 3 | 5 |
| したく存じます | 1 | 0 | 0 | 1 |
| 合計 | 12 | 5 | 9 | 26 |
| いただければ幸い | 5 | 1 | 14 | 20 |
| いただければ幸いです | 5 | 1 | 11 | 17 |
| いただければ幸いに存じます | 0 | 0 | 2 | 2 |

| | | | | |
|---|---|---|---|---|
| いただければ幸いでございます | 0 | 0 | 1 | 1 |
| いただければ（と）存じます | 0 | 0 | 2 | 2 |
| いただければ存じます | 0 | 0 | 1 | 1 |
| いただければと存じます | 0 | 0 | 1 | 1 |
| いただければ幸甚でございます | 1 | 0 | 0 | 1 |
| いただければと思います | 0 | 1 | 0 | 1 |
| いただければと考えています | 0 | 0 | 1 | 1 |
| いただければありがたく存じます | 0 | 0 | 1 | 1 |
| いただければとお願いします | 0 | 0 | 1 | 1 |
| いただけますれば幸甚です | 0 | 2 | 4 | 6 |
| いただけますれば幸甚です | 0 | 0 | 2 | 2 |
| いただけますれば幸甚に存じます | 0 | 2 | 2 | 4 |
| させていただければと存じます | 0 | 1 | 1 | 2 |
| させていただけるとすれば幸いです | 0 | 0 | 1 | 1 |
| いただけましたら幸いです | 1 | 1 | 0 | 2 |
| いただけましたら幸いでございます | 0 | 1 | 0 | 1 |
| いただけると大変ありがたく存じます | 1 | 0 | 0 | 1 |
| 合計 | 8 | 7 | 25 | 40 |
| くだされば幸甚に存じます | 0 | 0 | 1 | 1 |
| くだされればと存じます | 0 | 0 | 1 | 1 |
| くださいますれば幸いです | 0 | 0 | 1 | 1 |
| くださいますれば、これに勝る喜びはございません。 | 0 | 0 | 1 | 1 |
| 合計 | 0 | 0 | 4 | 4 |
| 願えれば幸いです。 | 1 | 0 | 1 | 2 |
| 願えればと存じます | 0 | 0 | 1 | 1 |
| 賜りますれば幸いに存じます | 1 | 0 | 1 | 2 |
| 賜りますれば幸せに存じます | 0 | 0 | 1 | 1 |
| 賜りますれば幸甚に存じます | 0 | 0 | 1 | 1 |
| 賜れれば幸いでございます | 0 | 1 | 0 | 1 |
| 伺えば幸いに存じます | 1 | 0 | 0 | 1 |
| 賜りますればありがたく存じます | 1 | 0 | 0 | 1 |
| 賜りますればとお願い申し上げます | 0 | 0 | 2 | 2 |
| 願いますれば幸いです | 0 | 0 | 1 | 1 |
| お願いできればと考えています | 0 | 0 | 1 | 1 |
| になれば幸いです | 0 | 0 | 1 | 1 |
| であれば幸いです | 0 | 0 | 1 | 1 |
| 合計 | 4 | 1 | 11 | 16 |
| 総合計（114種類） | 219 | 162 | 330 | 711 |

### 3.2.2 社交文書の依頼表現

　3冊における社交文書の依頼表現の使用状況を表1-6に示す。社交文書では「お / ご〜ください」が34例、「賜りますようお願い申し上げます」が55例、「のほどお願い申し上げます」が32例、「くださいますようお願い申し上げます」が20例あり、多く使われている。社外文書では「くださいますようお願い申し上げます」が最も多く使われているが、社交文書は社外文書と異なり、「賜りますようお願い申し上げます」が最も多く使われている。以下に「賜りますよう」の例文を示す。

（10）もとより微力でございますが、全力を尽くして社業に精励いたす
　　　所存でございますので、なにとぞ前任者同様ご指導、ご鞭撻を賜りま
　　　すよう、よろしくお願い申し上げます。(社交文書)

(山崎 ,2007,p168)

（11）ご多用中、誠に恐縮でございますが、なにとぞ万障お繰合わせい
　　　ただきまして、ご来臨の栄を賜りますようお願い申し上げます。(社
　　　交文書)

(山崎 ,2007,p184)

（12）まだまだ未熟者ですので、今後とも一層のご支援、ご指導を賜り
　　　ますよう、お願い申し上げます。(社交文書)

(山崎 ,2007,p171)

　例（10）〜（12）のように、厳かな雰囲気の場や公的な場面などで、「賜りますよう」を使うとより誠意が伝わりやすく、印象も良くなるため、社交文書では「賜りますようお願い申し上げます」が好まれているのではないかと考えられる。依頼表現の種類について、社外文書には114種類の依頼表現があるが、社交文書の依頼表現の種類は少なく、37種類である。社交の場合、お祝い、お見舞いなどの限られた場面であるため、依頼表現

第1章　ビジネス文書マニュアル本における依頼表現　　33

表 1-6　社交文書の依頼表現

| 依頼表現 | 極意がわかる | そのまま | すぐに使える | 合計 |
|---|---|---|---|---|
| 命令形で終わる文 | 10 | 5 | 19 | 34 |
| お / ご〜ください | 10 | 5 | 19 | 34 |
| 〈依頼する〉旨を明示的に述べる文 | 74 | 30 | 48 | 152 |
| いただきますよう | 4 | 1 | 2 | 7 |
| 　いただきますようお願い申し上げます | 3 | 1 | 2 | 6 |
| 　いただきますようご案内申し上げます | 1 | 0 | 0 | 1 |
| 賜りますよう | 25 | 18 | 22 | 65 |
| 　賜りますようお願い申し上げます | 22 | 13 | 20 | 55 |
| 　賜りますようお願いいたします | 2 | 4 | 0 | 6 |
| 　賜りますようご案内申し上げます | 0 | 0 | 1 | 1 |
| 　賜りますようお願い申し上げる次第でございます | 0 | 1 | 1 | 2 |
| 　賜りますようご案内いたします | 1 | 0 | 0 | 1 |
| いただけますよう | 2 | 0 | 0 | 2 |
| 　いただけますようお願い申し上げます | 1 | 0 | 0 | 1 |
| 　いただけますようご案内申し上げます | 1 | 0 | 0 | 1 |
| くださいますよう | 12 | 5 | 7 | 24 |
| 　くださいますようお願い申し上げます | 11 | 4 | 5 | 20 |
| 　くださいますようお願いいたします | 1 | 1 | 1 | 3 |
| 　くださいますようご案内申し上げます | 0 | 0 | 1 | 1 |
| くださるよう | 2 | 1 | 1 | 4 |
| 　くださるよう ( お願い申し上げます ) | 0 | 1 | 1 | 2 |
| 　くださるよう ( お願いいたします ) | 2 | 0 | 0 | 2 |
| されますよう | 0 | 0 | 1 | 1 |
| 　されますようお願い申し上げます | 0 | 0 | 1 | 1 |
| 合計 | 45 | 25 | 33 | 103 |
| 名詞（を） | 1 | 2 | 3 | 6 |
| 　名詞（を）お願い申し上げます | 1 | 1 | 1 | 3 |
| 　名詞（を）お願いいたします | 0 | 1 | 2 | 3 |
| のほど | 24 | 3 | 10 | 37 |
| 　のほどお願い申し上げます | 21 | 2 | 9 | 32 |
| 　のほどお願いいたします | 3 | 1 | 1 | 5 |
| （お）お願い | 4 | 0 | 2 | 6 |
| 　お願い申し上げます | 3 | 0 | 2 | 5 |

| | | | | |
|---|---|---|---|---|
| お願いいたします | 1 | 0 | 0 | 1 |
| 合計 | 29 | 5 | 15 | 49 |
| 希望を述べるという形をとる文 | 14 | 5 | 6 | 25 |
| いただきたく | 0 | 2 | 0 | 2 |
| いただきたくお願い申し上げます | 0 | 1 | 0 | 1 |
| いただきたくご案内を申し上げる次第です | 0 | 1 | 0 | 1 |
| させていただきたく | 1 | 1 | 0 | 2 |
| させていただきたくご案内申し上げます | 0 | 1 | 0 | 1 |
| させていただきたくお願い申し上げます | 1 | 0 | 0 | 1 |
| 合計 | 1 | 3 | 0 | 4 |
| いただければ幸い | 4 | 0 | 3 | 7 |
| いただければ幸いです | 4 | 0 | 2 | 6 |
| いただければ幸いと存じます | 0 | 0 | 1 | 1 |
| いただければ存じます | 1 | 0 | 0 | 1 |
| いただければ幸甚に存じます | 1 | 0 | 2 | 3 |
| いただけましたら幸いです | 1 | 0 | 0 | 1 |
| いただけましたら幸いに存じます | 0 | 1 | 0 | 1 |
| いただけましたら幸甚です | 1 | 0 | 0 | 1 |
| いただけると幸甚です | 1 | 0 | 0 | 1 |
| 合計 | 9 | 1 | 5 | 15 |
| くだされば幸いです | 1 | 0 | 0 | 1 |
| くだされば幸甚です | 2 | 1 | 1 | 4 |
| 合計 | 3 | 1 | 1 | 5 |
| 賜りますれば幸いです | 1 | 0 | 0 | 1 |
| 合計 | 1 | 0 | 0 | 1 |
| 総合計（37種類） | 98 | 40 | 73 | 211 |

形式は社外文書ほど豊富ではない。3冊の社交文書では「お/ご～ください」
の用例はあるが、「てください」の用例は見られない。その理由について、
「てください」は敬意の低い依頼表現であるため、社交の改まった場面で
は使われないと考えられる。また否定を表す依頼表現と否定形式の表現に
ついて、3冊のビジネス文書マニュアル本の社交文書では使用されていな

い。社交の場合、敬意の低い依頼表現があまり使われないと言える。

### 3.2.3　社内文書の依頼表現

　社内文書における依頼表現の使用状況を表1-7に示す。社内文書では「お
/ ご〜ください」が最も多く56例あり、次いで多く使われている「てく
ださい」が42例ある。「てください」について、3冊合計で社交文書では
0例、社外文書では2例しか使われていないが、社内文書では「てくださ
い」の用例数は42例ある。以下に「てください」の例文を示す。

（13）必要枚数に○を付け<u>てください</u>。（社内文書）

（山崎 ,2007,p275）

（14）セミナー終了後、午後5時30分までに備品庫へ戻し<u>てください。</u>（社
　　内文書）

（山崎 ,2007,p277）

（15）当日は着脱しやすく、金具のない服装で出社し<u>てください。</u>（社内
　　文書）

（山崎 ,2007,p235）

　例（13）〜（15）のように、社内連絡では敬意の低い依頼表現「てく
ださい」が好まれている。これらの例は依頼と区別して指示とすることも
できるが、本章では小林（2003）、工藤（1979）の指摘に従って依頼に
分類することにする。「お / ご〜ください」と「てください」のほかに、「名
詞（を）お願いします」と「名詞（を）願います」も多く使われている。
　一方で、社外文書と社交文書では多く使われている「〜ようお願い申し
上げます」は社内文書ではあまり使われず、また「いただければ幸いです」
のような仮定形依頼表現も社内文書ではあまり使われない。日本人はウチ
とソトという関係を意識し、社内をウチと認識しているため、敬意の低い
依頼表現が多く使われているのであろう。

表 1-7　社内文書の依頼表現

| 依頼表現 | 極意がわかる | そのまま | すぐに使える | 合計 |
|---|---|---|---|---|
| 命令形で終わる文 | 42 | 17 | 41 | 100 |
| てください | 13 | 6 | 23 | 42 |
| お / ご～ください | 28 | 11 | 17 | 56 |
| ないよう　　お / ご～ください | 1 | 0 | 0 | 1 |
| ないよう　　てください | 0 | 0 | 1 | 1 |
| 〈依頼する〉旨を明示的に述べる文 | 34 | 14 | 27 | 75 |
| 賜りますよう | 0 | 1 | 2 | 3 |
| 賜りますようお願い申し上げます | 0 | 0 | 2 | 2 |
| 賜りますようお願いいたします | 0 | 1 | 0 | 1 |
| いただけますよう | 0 | 0 | 2 | 2 |
| いただけますようお願い申し上げます | 0 | 0 | 2 | 2 |
| くださいますよう | 2 | 0 | 1 | 3 |
| くださいますようお願い申し上げます | 0 | 0 | 1 | 1 |
| くださいますようお願いいたします | 2 | 0 | 0 | 2 |
| くださるよう | 0 | 1 | 1 | 2 |
| くださるようお願い申し上げます | 0 | 0 | 1 | 1 |
| くださるようお願いいたします | 0 | 1 | 0 | 1 |
| するよう | 1 | 1 | 1 | 3 |
| するようお願いいたします | 0 | 1 | 0 | 1 |
| するようお願いします | 1 | 0 | 0 | 1 |
| するよう願います | 0 | 0 | 1 | 1 |
| ておくよう | 1 | 0 | 0 | 1 |
| ておくようお願いいたします | 1 | 0 | 0 | 1 |
| られるよう | 1 | 0 | 0 | 1 |
| られるようお願いします | 1 | 0 | 0 | 1 |
| 合計 | 5 | 3 | 7 | 15 |
| 名詞（を）お（願い） | 19 | 10 | 9 | 38 |
| 名詞（を）お願い申し上げます | 2 | 0 | 1 | 3 |
| 名詞（を）お願いいたします | 4 | 4 | 1 | 9 |
| 名詞（を）お願いします | 6 | 3 | 4 | 13 |
| 名詞（を）願います | 7 | 3 | 3 | 13 |
| のほど | 5 | 1 | 3 | 9 |
| のほどお願い申し上げます | 4 | 0 | 3 | 7 |

| | | | | |
|---|---|---|---|---|
| のほどお願いいたします | 1 | 1 | 0 | 2 |
| （お）お願い | 4 | 0 | 5 | 9 |
| お願いします | 3 | 0 | 5 | 8 |
| 願います | 1 | 0 | 0 | 1 |
| 合計 | 28 | 11 | 17 | 56 |
| なき / ないよう | 1 | 0 | 2 | 3 |
| なき / ないようお願いいたします | 0 | 0 | 1 | 1 |
| なき / ないようお願いします | 1 | 0 | 1 | 2 |
| ないように | 0 | 0 | 1 | 1 |
| ないようにお願いします | 0 | 0 | 1 | 1 |
| 合計 | 1 | 0 | 3 | 4 |
| 希望を述べるという形をとる文 | 9 | 6 | 12 | 27 |
| てほしい | 1 | 0 | 0 | 1 |
| てもらう | 1 | 0 | 0 | 1 |
| もらいたいと考えます | 0 | 0 | 1 | 1 |
| いただきたいと | 0 | 1 | 3 | 4 |
| いただきたいと思います | 0 | 1 | 2 | 3 |
| いただきたいと考えます | 0 | 0 | 1 | 1 |
| いただきたく | 1 | 2 | 2 | 5 |
| いただきたくお願い申し上げます | 1 | 2 | 2 | 5 |
| させていただきたく | 0 | 2 | 0 | 2 |
| させていただきたく申請いたします | 0 | 1 | 0 | 1 |
| させていただきたくお願い申し上げます | 0 | 1 | 0 | 1 |
| 賜りたく | 1 | 0 | 0 | 1 |
| 賜りたく（お願い申し上げます） | 1 | 0 | 0 | 1 |
| 合計 | 4 | 5 | 6 | 15 |
| 願いたく | 0 | 0 | 1 | 1 |
| 願いたく存じます | 0 | 0 | 1 | 1 |
| したく（お）願い | 3 | 1 | 5 | 9 |
| したくお願い申し上げます | 3 | 0 | 5 | 8 |
| したくお願いいたします | 0 | 1 | 0 | 1 |
| 合計 | 3 | 1 | 6 | 10 |
| お願いできないでしょうか | 1 | 0 | 0 | 1 |
| 合計 | 1 | 0 | 0 | 1 |
| くだされば幸いです | 1 | 0 | 0 | 1 |
| 合計 | 1 | 0 | 0 | 1 |
| 総合計（41種類） | 85 | 37 | 80 | 202 |

## 4．おわりに

　本章では2010年前後に刊行されたビジネス文書マニュアル本における依頼表現の使用状況を調査して以下の5つのことを明らかにした。

　（1）3冊のいずれも間接依頼文より直接依頼文のほうが多く使用されている。そのうち、直接依頼文の「〈依頼する〉旨を明示的に述べる文」の用例は最も多い。「〈依頼する〉旨を明示的に述べる文」に次いで、「希望を述べるという形をとる文」と「命令形で終わる文」も多く使われている。一方、「否定疑問文」「テ形で言いさす文」「肯定疑問文」はあまり使われていない。また社外文書、社交文書、社内文書における依頼表現の使用に違いがある。社外文書における依頼表現のバリエーションが豊富であるが、社交文書における依頼表現形式は社外文書ほど豊富ではない。一方で社交文書では「賜りますようお願い申し上げます」が最も多く使われるが、その理由について、厳かな雰囲気の場や公的な場面などで、「賜りますよう」を使うとより誠意が伝わりやすく、印象も良くなるからではないかと考えられる。社内文書について、日本人はウチとソトという関係を意識し、社内をウチと認識しているため、社内文書では敬意の低い依頼表現が使われていると言える。

　（2）今回調査した3冊のビジネス文書マニュアル本では否定を表す依頼表現はあまり使われないという結果である。否定表現の場合、相手に対して高圧的な態度であると受け取られることがあるから、ビジネス文書マニュアル本ではあまり使われていないのではないかと考えられる。

　（3）相手に断られず、快く引き受けてもらうために依頼する前に理由を表す「〜ので」とやわらげる効果のある「〜が」が用いられる。安本（2009）では日本語において依頼内容を述べた後節に、依頼理由を付け足して説明すると指摘しているが、今回調査したビジネス文書マニュアル本における依頼表現ではまず理由を述べてから依頼するという傾向が見られ、相違している。安本（2009）の調査した資料は話し言葉の資料であり、話し言

葉と書き言葉の相違によるのではないかと考えられる。

（4）茅（2021）によると、ビジネスメールでは「いただければ」が最も多く使われているという結果であったが、ビジネス文書マニュアル本では婉曲的な言い方より「のほどお願い申し上げます」「くださいますようお願い申し上げます」のような直接依頼表現が好まれている。

（5）「くださいますよう」と「いただきますよう」について、今回の調査結果は茅（2021）、北澤（2008）の調査結果と異なる結果が見られる。北澤（2008）では、現代の日本において、「いただきますよう」が「くださいますよう」とほぼ同等か同等以上に頻繁に使用されていると指摘している。今回調査した3冊では、『そのまま』における「いただきますよう」と「くださいますよう」の使用の差が小さく、『極意がわかる』と『すぐに使える』の2冊では「くださいますよう」の用例数が「いただきますよう」より遥かに多かった。そのため、2010年前後に出版されたビジネス文書マニュアル本では「いただきますよう」より「くださいますよう」が依然として多く使われていると言える。

現在市販のビジネス文書マニュアル本の刊行が少なくなり、先行研究で指摘された通り、近年になって「いただきますよう」が「くださいますよう」とほぼ同等か同等以上に頻繁に使用されているかどうかについて確認することが難しくなっており、疑問として残されている。

注：

（1）社外文書、社交文書と社内文書についての説明は横須賀・藤井（2008）では「社外文書は、注文や請求など取引業務を円滑にするための書類です。社交文書は、社外文書と同じように会社のお客様や取引先に向けて出しますが、業務関連ではなくお祝いやお悔やみの気持ちを伝える文書のことです。社内文書は各種の連絡や報告、遅刻や早退などの

届出など社内での伝達を円滑にする文書のことです」と定義している。
(2)　接続助詞「が」の意味機能・用法は、主に「逆接」や「対比」関係
　　を表すほかに、「談話主題の提示」「前置き」「注釈」などに用いられ
　　るとされる（森田：1980）。
(3)　柏崎（1992）では前置き表現は要件内容が相手に与える負担の程
　　度によって異なっていた。また話し始めの言い方も、「すみませんが」
　　「失礼ですが」など、相手への負担に配慮する言い回しになっており、
　　それが、後の要件内容へとスムーズに導いているのではなかろうかと
　　指摘している。
(4)　「よろしくお願い申し上げます」「何とぞよろしくお願い申し上げま
　　す」などは「お願い申し上げます」に統一した。

# 第2章　ビジネス場面における依頼表現
－銀行ホームページの「お知らせ」を調査対象として－

## 1.　はじめに

　話し言葉と書き言葉では依頼表現に使用の違いがあり、話し言葉より書き言葉の依頼表現の使用はより丁寧だと思われる。本章では銀行のホームページの「お知らせ」を調査資料としてビジネス場面における書き言葉の依頼表現の使用状況を確認する。第1章のビジネス文書マニュアル本と比べると、銀行ホームページの「お知らせ」が社外文書に相当する。

## 2.　調査
### 2.1　調査目的

　本章の調査目的は銀行がホームページで発信している「お知らせ」にはどのような依頼表現が使われているのか、また、ビジネス文書マニュアル本における依頼表現と違いがあるのかを調査することである。

### 2.2　表現形式の分類

　相原（2008）を参考にして表現形式を「直接依頼文」と「間接依頼文」に2分類し、それぞれをさらに3分類する。「直接依頼文」を「命令形で終わる文」「テ形で言いさす文」「〈依頼する〉旨を明示的に述べる文」に3分類し、「間接依頼文」を「肯定疑問文」「否定疑問文」「希望を述べるという形をとる文」に3分類する。

## 2.3 調査方法

みずほ銀行とりそな銀行のホームページの「お知らせ」から年代別に依頼表現を抽出して分類する。調査対象は 2006 年 1 月 1 日から 2023 年 2 月 28 日までの「お知らせ」である。みずほ銀行は 195 件、りそな銀行は 364 件である。


## 3. みずほ銀行の「お知らせ」における依頼表現の使用状況

みずほ銀行の「お知らせ」における依頼表現の使用状況を表 2-1 に示す。「間接依頼文」の用例が見られず [注1]、「直接依頼文」の「命令形で終わる文」と「〈依頼する〉旨を明示的に述べる文」しか使われていない [注2]。これは話し言葉と書き言葉の違いによるものであろう。「命令形で終わる文」の用例は「〈依頼する〉旨を明示的に述べる文」の約 2 倍であり、そのうち、「ご確認ください」(64 例)、「ご了承ください」(25 例)、「ご参照ください」(22 例)、「ご覧ください」(15 例) などのような「ご～ください」(206 例) が最も多く使われる依頼表現形式となっている。一方、「お～ください」は 45 例であり、その中の 34 例は「お問い合わせください」である。そのほか、「お選びください」「お申し出ください」「お読みください」などの用例が見られる。

また「てください」[注3] も 31 例であるが、以下の例文のように、主に規定と留意事項の説明の時に使用される傾向が見られ、それ以外の依頼場面ではあまり使用されていない。


(1) 金額の頭には「金」を、その終わりには「円」を記入してください。崩し字は使用せず、楷書で丁寧に記入してください。
（手形・小切手の交換方法を電子化する「電子交換所」設立等に伴うお手続きについて , 2022 年 7 月 19 日）
(2) 金額以外の記載事項を訂正する際は、訂正個所にお届け印をなつ印してください。ただし、訂正の記載やなつ印が、金額欄、銀行名、二

表 2-1　みずほ銀行の「お知らせ」における依頼表現の使用状況

| | 依頼表現 | 件数 | 合計 |
|---|---|---|---|
| 命令形で終わる文<br>(282例) | てください | 31 | 「てください」31 |
| | ご〜ください | 206 | 「お／ご〜ください」 |
| | お〜ください | 45 | 251 |
| 〈依頼する〉旨を明示的に述べる文<br>(142例) | ご〜願います | 8 | 「願います」 |
| | お〜願います | 5 | 13 |
| | 名詞をお願いします | 6 | 「お願いします」 |
| | 名詞をお願いしております | 1 | 10 |
| | ご名詞をお願いしております | 3 | |
| | 名詞をお願いいたします | 7 | |
| | ご名詞＋お願いいたします | 19 | |
| | お名詞＋お願いいたします | 1 | |
| | ていただくようお願いいたします | 1 | |
| | ご名詞いただくようお願いいたします | 1 | |
| | 名詞いただくようお願いいたします | 1 | |
| | 名詞いただきますようお願いいたします | 1 | |
| | ご名詞いただきますようお願いいたします | 9 | 「お願いいたします」 |
| | お名詞いただきますようお願いいたします | 2 | 65 |
| | ていただきますようお願いいたします | 2 | |
| | お名詞くださいますようお願いいたします | 1 | |
| | ご名詞のほどお願いいたします | 16 | |
| | ご名詞のほどをお願いいたします | 1 | |
| | ご名詞賜りたくお願いいたします | 1 | |
| | ご名詞賜りますようお願いいたします | 2 | |
| | ご名詞をお願い申し上げます | 1 | |
| | ご名詞くださいますようお願い申し上げます | 2 | |
| | ご名詞いただくようお願い申し上げます | 5 | 「お願い申し上げます」 |
| | ていただきますようお願い申し上げます | 1 | 54 |
| | ご名詞いただきますようお願い申し上げます | 7 | |
| | ご名詞のほどお願い申し上げます | 11 | |
| | お名詞賜りますようよろしくお願い申し上げます | 1 | |
| | ご名詞賜りますములようよろしくお願い申し上げます | 26 | |
| 合計 | | | 424 |

次元コード欄に重なることがないようにし<u>てください。</u>

（手形・小切手の交換方法を電子化する「電子交換所」設立等に伴うお手続きについて，2022年7月19日）

(3) サービス専用のログインパスワード（以下、「ログインパスワード」といいます。）はみずほ銀行所定の手続にて、お客さま自身で決めることとし、推測されやすい文字列は避け<u>てください。</u>ログインパスワードは、一定期間毎あるいは不定期に変更し<u>てください。</u>

（インターネット残高照会規定，2019年3月15日）

(4) 本サービスの利用停止をする場合、みずほ銀行所定の方法により届け出<u>てください。</u>

（インターネット残高照会規定，2019年3月15日）

　例（1）と例（2）は留意事項を説明するときに使用され、例（3）と例（4）は規定が改訂したことを説明する時に使用されている。以上の表2-1に示した依頼表現の中、「てください」の丁寧度が最も低いと思われ、客に迷惑をかけた時や新サービスを利用してほしい時にはあまり使われていない。「〈依頼する〉旨を明示的に述べる文」について、主に「〜お願いいたします」(65例)、「〜お願い申し上げます」(54例)という形で使われ、「〜お願いいたします」の用例は「〜お願い申し上げます」を上回る。一方、「〜お願いします」（10例）と「〜願います」（13例）はあまり使われていない。また「お願い」の前の形式により、「〜願います」「〜お願いします」「〜お願いいたします」「〜お願い申し上げます」の使用に違いが見られる。

　「お願い」の前の形式による分類を表2-2に示す。表2-2に示す通り、「願います」と「お願いします」という遂行動詞に先行する部分は全て「ご提出願います」「ご記入願います」「お手続きをお願いします」「設定をお願いします」などのように、「(お／ご) 名詞 (を)」の形式である。「〜くださいますようお願いします」「〜いただきますようお願いします」「〜いただくようお願いします」「〜賜りますようお願いします」というような用

表 2-2 「お願い」の前の形式による分類

|  | 願います | お願いします | お願いいたします | お願い申し上げます | 合計 |
|---|---|---|---|---|---|
| （お／ご）名詞（を） | 13 | 10 | 27 | 1 | 51 |
| のほど | 0 | 0 | 17 | 11 | 28 |
| （て／お／ご）〜いただくよう | 0 | 0 | 3 | 5 | 8 |
| （て／お／ご）〜いただきますよう | 0 | 0 | 14 | 8 | 22 |
| （て／お／ご）〜くださいますよう | 0 | 0 | 1 | 2 | 3 |
| （て／お／ご）〜賜りますよう | 0 | 0 | 2 | 26 | 28 |
| ご〜賜りたく | 0 | 0 | 1 | 1 | 2 |
| 合計 | 13 | 10 | 65 | 54 | 142 |

例が見られない。以下に「お願いいたします」と「お願い申し上げます」
の用例を示す。

 (5) 改定内容は、以下の規定の変更点（対比表）を<u>ご確認のほど、お願
  いいたします</u>。

 （みずほダイレクトアプリ利用規定の一部改定，2023 年 2 月 2 日）

 (6) 事業資金ご融資に際しては、みずほ銀行所定の審査をさせていただ
  きます。審査の結果によっては、ご要望にそえない場合もございます。
  <u>何卒ご了承のほどお願い申し上げます</u>。

 （新型コロナウイルス感染症に対するみずほ銀行の取り組み，2022 年
 10 月 3 日）

  「お願いいたします」と「お願い申し上げます」について、以上の例(5)
と例(6)のように、「名詞のほど」が先行する場合、「お願いいたします」
と「お願い申し上げます」の両方が使われやすい傾向が見られる。一方、
「（お／ご）名詞を」が先行する場合、両者に違いが見られ、「（お／ご）

名詞をお願い申し上げます」の用例は 1 例のみであるのに対して、「(お / ご) 名詞をお願いいたします」の用例は 27 例である。以下に例文を示す。

(7) みずほ銀行は補償にあたり、各種調査を実施させていただく場合がありますので、ご協力をお願い申し上げます。

(個人のお客さまがキャッシュカードの偽造・盗難によるご預金の不正払い戻し被害に遭われた場合の補償について，2006 年 11 月 7 日)

「(お / ご) 名詞をお願い申し上げます」の用例は例 (7) のみであり、2006 年の用例である。「(お / ご) 名詞をお願い申し上げます」は現在あまり使われていないと言える。

(8) 2020 年 11 月以降、郵便またはお取引店から「みずほ WEB 帳票サービス」お申込のご案内をさせていただきますので、お手続きをお願いいたします。

(ご融資関連帳票の「みずほ WEB 帳票サービス」還元標準化について，2020 年 11 月 30 日)

(9) オーストラリア向けの AUD (オーストラリア・ドル) 建て外国送金につきましては、より円滑なご入金のため、以下のご対応をお願いいたします。

(オーストラリア向け AUD 建て外国送金における「銀行コード」について，2020 年 8 月 7 日)

例 (8) と例 (9) は「(お / ご) 名詞をお願いいたします」の用例であり、「(お / ご) 名詞を」が先行する場合、「お願いいたします」が使われやすい。一方、例 (10) のように、「賜りますよう」が先行する場合、「お願い申し上げます」のみが使われやすくなる。例 (10) は今後の取引を望む場面であり、丁寧度の高い「賜りますようお願い申しあげます」が使われている。「賜りますようお願いします」が見られず、「賜りますようお願いいたします」は 2 例のみであるのに対して、「賜りますようお願い申し上げます」は 26 例である。これは「賜ります」の丁寧度が高いためではないかと考えられる。

このように丁寧度の高い「賜りますよう」と「お願い申し上げます」が組み合わせて「賜りますようお願い申し上げます」という表現が固定化されていると言えるのではないかと考えられる。また「くださいますよう」と「いただきますよう」が先行する場合、「お願いいたします」と「お願い申し上げます」のいずれも使われやすい傾向が見られる。

　(10)　今後とも、より一層のサービス向上に努めてまいりますので、変わらぬご愛顧を賜りますようお願い申し上げます。

　　　(みずほダイレクト [ インターネットバンキング ] でのキャッシュカード発行手数料の一部改定について，2023 年 2 月 10 日)

## 4.　りそな銀行の「お知らせ」における依頼表現の使用状況

　りそな銀行の「お知らせ」における依頼表現の使用状況を次ページの表2-3 に示す。

　表 2-3 に示す通り、みずほ銀行と同様に、「間接依頼文」の用例が見られず、「直接依頼文」の「命令形で終わる文」と「〈依頼する〉旨を明示的に述べる文」しか使われていない。「命令形で終わる文」は 673 例、「〈依頼する〉旨を明示的に述べる文」は 203 例であり、「命令形で終わる文」の用例は「〈依頼する〉旨を明示的に述べる文」の用例の 3 倍以上である。「ご〜ください」は 428 例であり、全用例の約半数を占めている。そのうち、「ご覧ください」(164 例)、「ご確認ください」(103 例)、「ご了承ください」(45 例) が多く使われている。「お知らせ」という内容であるため、客や取引先に見てほしい、また確認してほしいことが多いためであると考えられる。また「お〜ください」(202 例) も多く使われ、その中の 97 例は「お問合せください」である。みずほ銀行と同様に、「てください」は規定や留意事項の説明の時に多く使われるが、それ以外の依頼場面ではあまり使われていない。

　一方、みずほ銀行と比べると、相違点も見られる。みずほ銀行の「お知らせ」には「お願いします」「お願いいたします」「お願い申し上げます」

表2-3　りそな銀行の「お知らせ」における依頼表現の使用状況

| | 依頼表現 | 件数 | 合計 |
|---|---|---|---|
| 命令形で終わる文 (673例) | てください | 43 | 「てください」43 |
| | ご〜ください | 428 | 「お / ご〜ください」630 |
| | お〜ください | 202 | |
| 〈依頼する〉旨を明示的に述べる文 (203例) | ご〜願います | 2 | 「願います」2 |
| | 名詞をお願いします | 3 | 「お願いします」12 |
| | ご名詞＋お願いします | 8 | |
| | お名詞＋お願いします | 1 | |
| | ご名詞＋お願いさせていただきます | 1 | 「お願いさせていただきます」1 |
| | お願いいたします | 2 | 「お願いいたします」61 |
| | 名詞をお願いいたします | 3 | |
| | ご名詞＋お願いいたします | 8 | |
| | お名詞＋お願いいたします | 4 | |
| | のほどお願いいたします | 2 | |
| | まで / に / へお願いいたします | 6 | |
| | ご名詞いただきますようお願いいたします | 21 | |
| | お名詞いただきますようお願いいたします | 4 | |
| | ていただきますようお願いいたします | 1 | |
| | お名詞いただけますようお願いいたします | 1 | |
| | ご名詞いただけますようお願いいたします | 1 | |
| | ご名詞くださいますようお願いいたします | 3 | |
| | ご名詞賜りますようお願いいたします | 5 | |
| | お願い申し上げます | 1 | 「お願い申し上げます」127 |
| | ご名詞をお願い申しあげます | 6 | |
| | ご名詞くださいますようお願い申し上げます | 8 | |
| | お名詞くださいますようお願い申し上げます | 8 | |
| | お名詞いただくようお願い申し上げます | 1 | |
| | 名詞いただきますようお願い申し上げます | 1 | |
| | お名詞いただきますようお願い申し上げます | 8 | |
| | ご名詞いただきますようお願い申し上げます | 20 | |
| | ご名詞のほどお願い申し上げます | 1 | |
| | お名詞賜りますようよろしくお願い申し上げます | 2 | |
| | ご名詞賜りますaccountよろしくお願い申し上げます | 71 | |
| | 合計 | 876 | |

より丁寧度が低い「願います」は 13 例であるのに対して、りそな銀行の「お知らせ」には 2 例しか使われていない。またみずほ銀行の「お知らせ」には「お願い申し上げます」より「お願いいたします」の用例が多いが、りそな銀行の「お知らせ」には「お願い申し上げます」（127 例）の用例は「お願いいたします」（61 例）より遥かに多い。以上のことから、みずほ銀行よりりそな銀行のほうがより丁寧度の高い依頼表現を使用していると言えよう。更にみずほ銀行の「お知らせ」にない「ご名詞＋お願いさせていただきます」「お / ご〜いただけますようお願いいたします」の用例がりそな銀行の「お知らせ」には見られる。以下に「ご名詞＋お願いさせていただきます」「お / ご〜いただけますようお願いいたします」の用例を示す。

(11) 当社では、主に以下のお取引において、マイナンバー等のご提供を<u>お願いさせていただきます。</u>

（マイナンバーについて，2016 年 1 月 6 日）

マイナンバーの提示は客にとって負担となるため、「お願いさせていただきます」を使用したのではないかと考えられる。

(12) 親権者さまの想いのバトンをお子さまに渡していただき、これからも引き続き<u>お取引いただけますようお願いいたします。</u>

（投資信託（ジュニア NISA 含む）・公共債の未成年者口座をお持ちのお客さまへ，2022 年 3 月 9 日）

(13) ご不便をお掛けいたしますが、より安心・安全なサービスを提供してまいりますので、今後とも<u>ご愛顧いただけますようよろしくお願いいたします。</u>

（りそなウォレットアプリのセキュリティ対策に関するお知らせ，2020 年 9 月 29 日）

例 (12) と例 (13) は「お / ご〜いただけますようお願いいたします」の用例であり、いずれも将来の取引を望む時に使用されている。この 2 例はそれぞれ 2020 年と 2022 年の用例である。本章の調査では 2020 年

より前の年にはこのような「いただける」系の用例が見られない。塩田・山下（2013）は「くださいますよう」が比較的高年層に多く選ばれているのに対して、「いただけますよう」は若い年代に多いことから、「くださいますよう」が保守的な形、「いただけますよう」が新興の形であると述べている。銀行ホームページの「お知らせ」には「いただけますよう」の用例が少ないが、2020年に見られ始めたことは塩田・山下（2013）の「いただけますよう」が新興の形であるという指摘を裏付けられると言えよう。

　「お願い」の前の形式による分類を表2-4に示す。表2-4に示す通り、「お願い」の前の形式について、みずほ銀行（「（お／ご）名詞を」が最も多く使われる）と異なって、りそな銀行では「（て／お／ご）〜賜りますよう」（78例）が最も多く使われている。そのほか、「（て／お／ご）〜いただきますよう」（55例）、「（お／ご）名詞を」（45例）も多く使われている。「願います」と「お願いします」という遂行動詞に先行する部分は全て「（お／ご）名詞（を）」の形式であることが2つの銀行に共通している。また「お願いいたします」と「お願い申し上げます」について、「（お／ご）名詞を」が先行する時に、「お願いいたします」が使われやすいこと、「（て／お／ご）〜いただきますよう」が先行する場合、両者のいずれとも使われやすいこと、また「（て／お／ご）〜賜りますよう」が先行する時に「お願いいたします」があまり使われず、「お願い申し上げます」が使われやすいことが2つの銀行に共通している。

　一方、2つの銀行の相違点もある。「のほど」の使用に大きな違いが見られ、みずほ銀行の「お知らせ」には28例であるのに対して、りそな銀行の「お知らせ」には3例しか使われていない。みずほ銀行の「お知らせ」にない「いただけますよう」がりそな銀行の「お知らせ」に使用され、また「（て／お／ご）〜くださいますよう」の使用にも2つの銀行の違いが見られる。みずほ銀行の「お知らせ」には「（て／お／ご）〜くださいますよう」が3例のみであるのに対して、りそな銀行の「お知らせ」には19例であり、その中の16例は「〜くださいますようお願い申し上げます」

表 2-4　「お願い」の前の形式による分類

| | 願います | お願いします | お願いさせていただきます | お願いいたします | お願い申し上げます | 合計 |
|---|---|---|---|---|---|---|
| (お / ご) 名詞を | 2 | 12 | 1 | 23 | 7 | 45 |
| のほど | 0 | 0 | 0 | 2 | 1 | 3 |
| (て / お / ご) 〜いただくよう | 0 | 0 | 0 | 0 | 1 | 1 |
| (て / お / ご) 〜いただきますよう | 0 | 0 | 0 | 26 | 29 | 55 |
| (て / お / ご) 〜いただけますよう | 0 | 0 | 0 | 2 | 0 | 2 |
| (て / お / ご) 〜くださいますよう | 0 | 0 | 0 | 3 | 16 | 19 |
| (て / お / ご) 〜賜りますよう | 0 | 0 | 0 | 5 | 73 | 78 |
| 合計 | 2 | 12 | 1 | 61 | 127 | 203 |

である。その反面、「(て / お / ご) 〜いただくよう」（1 例のみ）はみずほ銀行より少ない。

## 5.　まとめ

　本章では銀行ホームページの「お知らせ」から依頼表現を抽出して分析を行った。その結果、「間接依頼文」（「肯定疑問文」「否定疑問文」「希望を述べるという形をとる文」）の用例が見られず、「直接依頼文」の「命令形で終わる文」と「〈依頼する〉旨を明示的に述べる文」しか使われていない。これは茅（2021）で調査したビジネス文書マニュアル本における依頼表現の使用状況と大きく異なる。その違いの理由はビジネス文書マニュアル本にはある特定の企業や客への文書が多く、一方、銀行ホームページの「お知らせ」には全体の取引先や客への文書が多いため、同じ書き言葉でありながら大きな違いが生じたのではないかと考えられる。

「直接依頼文」のうち、「ご確認ください」「ご了承ください」「ご覧ください」のような「ご〜ください」が最も多く使われている。理由について、「ご〜ください」の丁寧度は高すぎもせず（「賜りますよう」などより）、低すぎもせず（「てください」より）、丁寧度の程度がいいことによるものであろう。また、「〜いただきますようお願い申し上げます」「のほどお願いいたします」などの表現より短くて、「〜ご理解ください。〜ご安心ください」のように連続して使いやすいことも理由の一つであると考えられる。

また「〈依頼する〉旨を明示的に述べる文」について、「お願いする」の前の形式により、「〜願います」「〜お願いします」「〜お願いいたします」「〜お願い申し上げます」の使用に違いが見られる。今回の調査では「〜願います」「〜お願いします」という遂行動詞に先行する内容は「（お／ご）名詞を」のみである。「（お／ご）名詞を」の後ろに「お願いいたします」が使われやすいが、「お願い申し上げます」は使われにくい。一方、「賜りますよう」の後ろに「お願い申し上げます」が使われやすい傾向が見られる。

本章は銀行ホームページの「お知らせ」における依頼表現を調査したが、ホテルや不動産会社となると、使われる依頼表現が異なってくる可能性があると思われる。これは今後の課題とする。

**調査資料**

https://www.mizuhobank.co.jp/retail/index.html　（最終閲覧日：2023年7月20日）

https://www.resonabank.co.jp/　（最終閲覧日：2023年7月20日）

注：

(1)「肯定疑問文」「否定疑問文」「希望を述べるという形をとる文」の用例が見られない。

(2)「直接依頼文」の「テ形で言いさす文」の用例が見られない。丁寧度が低いため、書き言葉では好まれていないのだろう。

(3)「ないでください」も含む。

# 第二部

## ビジネス小説における依頼表現の使用実態・変遷

# 第3章　昭和後期のビジネス小説における依頼表現

## 1.　はじめに

　依頼表現の研究は数多くなされているが、ビジネス場面における依頼表現の研究は少なく、研究の余地はまだある。ことに、ビジネスパーソンが会話する際に社内の人物に対する場合と社外の人物に対する場合とで依頼表現にいかなる相違があるかについては興味深い課題である。これを検討するための言語資料としては現実のビジネス場面における会話は個人情報・企業秘密の観点から言語資料としては使用しにくいが、これに準ずる資料としてはビジネス小説が有効であると考えられる。このビジネス小説は昭和戦後期から現れた分野で今日まで多数の作品があり、そのため言語資料としてもすでに史的変遷を検討し得る年月を有するに至っている。そこで、本章では昭和後期に出版されたビジネス小説を調査資料として、昭和後期のビジネス小説における依頼表現の使用実態を明らかにする。

## 2.　これまでの研究

　工藤（1979）は昭和後期（戦後）の資料に現れた依頼表現を以下の表3-1のようにまとめている。

　工藤（1979）では「昭和後期に「てほしい」が盛んに使われるようになる。「ないでもらいたい」「ないでいただきたい」「ないでほしい」の例もみえるようになる」と指摘している。

表 3-1　昭和後期　　工藤（1979）より

| | 肯定の依頼表現形式 | 否定の依頼表現形式 |
|---|---|---|
| ていねい「てくれ」系 | てくれ<br>　くれたまえ　おくれ<br>　ください<br>　くださいまし（せ） | ないでくれ<br>　くれたまえ　おくれ<br>　ください<br>　くださいまし（せ） |
| | てちょうだい | ないでちょうだい |
| | て | ないで |
| | てもらいたい | ないでもらいたい |
| | ていただきたい | ないでいただきたい |
| | てほしい | ないでほしい |

## 3．調査

### 3.1　調査目的

　工藤（1979）によれば調査した文学作品には表3-1のような依頼表現が昭和後期に使用されているが、昭和後期のビジネス小説にはどのような依頼表現が使用されているのかを明らかにしたい。

### 3.2　調査資料

　調査資料は以下の通りである。

　　城山三郎（1959）『総会屋錦城』文藝春秋新社

　　源氏鶏太（1960）『天下を取る』講談社

　　清水一行（1974）『動脈列島』光文社

　　高杉良（1979）『社長解任』グリーンアロー出版社

## 3.3 表現形式の分類

　相原（2008）(注1) を参考にして表現形式を「直接依頼文」と「間接依頼文」に２分類し、それぞれをさらに３分類する。「直接依頼文」を「命令形で終わる文」「テ形で言いさす文」「〈依頼する〉旨を明示的に述べる文」に３分類し、「間接依頼文」を「肯定疑問文」「否定疑問文」「希望を述べるという形をとる文」に３分類する。また社内の人と社外の人に対して使用する依頼表現が違うだろうと予測し、社内と社外 (注2) 別に用例を収集して分析する。

## 3.4　調査結果の概観

　４作品における依頼表現の使用状況を表 3-2 に示す。

表 3-2　４作品における依頼表現の使用状況

| | | 『総会屋錦城』 | | 『天下を取る』 | | 『動脈列島』 | | 『社長解任』 | | 合計 |
|---|---|---|---|---|---|---|---|---|---|---|
| | | 社内 | 社外 | 社内 | 社外 | 社内 | 社外 | 社内 | 社外 | |
| 直接依頼文〈394例〉 | 命令形で終わる文 | 16 | 17 | 26 | 26 | 20 | 26 | 55 | 33 | 219 |
| | テ形で言いさす文 | 1 | 8 | 22 | 32 | 25 | 7 | 1 | 1 | 97 |
| | 〈依頼する〉旨を明示的に述べる文 | 9 | 7 | 13 | 7 | 4 | 4 | 21 | 13 | 78 |
| 間接依頼文〈197例〉 | 肯定疑問文 | 1 | 1 | 4 | 5 | 0 | 2 | 4 | 2 | 19 |
| | 否定疑問文 | 4 | 4 | 6 | 4 | 9 | 10 | 23 | 5 | 65 |
| | 希望を述べるという形をとる文 | 7 | 12 | 17 | 8 | 6 | 11 | 44 | 8 | 113 |
| 合計 | | 38 | 49 | 88 | 82 | 64 | 60 | 148 | 62 | 591 |

「直接依頼文」は394例、「間接依頼文」は197例であり、「直接依頼文」は「間接依頼文」の2倍である。さらに社内・社外を問わず、「直接依頼文」が多く使われている。このうち、『社長解任』は他の3作品と異なって、社内に「間接依頼文」が71例であり、特に多く使われている。その理由は話す相手が社長、副社長などの地位の高い人であるため「間接依頼文」を多く使用したのではないかと考えられる。このことから、「直接依頼文」と「間接依頼文」の使用には話す相手の地位による影響があるのではないかと考えられる。

依頼表現は4作品合計で591例使用され、そのうち、『社長解任』の用例は全用例の36％を占め、最も多い。『天下を取る』の用例は『社長解任』に次いで2番目に多い。また社内には338例、社外には253例使われており、『総会屋錦城』以外の3作品には社外場面より社内場面における依頼表現の用例数が多く見られる。依頼表現形式の種類について、「命令形で終わる文」「希望を述べるという形をとる文」「テ形で言いさす文」の用例数は上位3位となっているが、「テ形で言いさす文」の使用において、作品による大きな差異が見られるが、その理由は後述する。「肯定疑問文」と「否定疑問文」の用例数はそれぞれ下から1位、2位となっている。特に「肯定疑問文」はいずれの作品でも用例が少なく、4作品合計で19例しか見られず、全用例の僅か3％を占めるにすぎない。


## 4．命令形で終わる文

4作品における「命令形で終わる文」の使用状況を表3-3に示す。

表3-3に示す通り、社内場面では117例、社外場面では102例の合計219例使用されており、全用例（591例）の37％を占め、最も多く使われる依頼表現形式である。そのうち、「てください」（「てくださいよ」などを含む）は96例、「てくれ」（「てくれよ」などを含む）は94例使われ、主な「命令形で終わる文」として使用されている。しかし、社内には「てくれ」（62例）が最も多く使われるのに対し、社外には「てください」（52

第3章　昭和後期のビジネス小説における依頼表現　　61

表3-3　命令形で終わる文

| | | 『総会屋錦城』(1959) | 『天下を取る』(1960) | 『動脈列島』(1974) | 『社長解任』(1979) | 合計 |
|---|---|---|---|---|---|---|
| てくれ（94例） | 社内 | 9 | 20 | 18 | 15 | 62 |
| | 社外 | 9 | 13 | 4 | 6 | 32 |
| てくれやす（1例） | 社内 | 0 | 0 | 0 | 1 | 1 |
| | 社外 | 0 | 0 | 0 | 0 | 0 |
| てくれたまえ（1例） | 社内 | 0 | 0 | 0 | 1 | 1 |
| | 社外 | 0 | 0 | 0 | 0 | 0 |
| てください（96例） | 社内 | 7 | 5 | 2 | 30 | 44 |
| | 社外 | 6 | 10 | 20 | 16 | 52 |
| お/ご～ください（27例） | 社内 | 0 | 1 | 0 | 8 | 9 |
| | 社外 | 2 | 3 | 2 | 11 | 18 |
| 合計 | | 33 | 52 | 46 | 88 | 219 |

例）が最も多く使われている。否定形式の「ないでくれ」「ないでくださ
い」の用例も見られる。さらに、工藤（1979）の調査資料に現れている「て
くれたまえ」の用例（1例のみ）も見られた。また「てくれ」と「てくだ
さい」の使用においては作品による差異が見られる。『総会屋錦城』には「て
くれ」18例、「てください」13例あり、『天下を取る』には「てくれ」33例、
「てください」15例ある。1960年ごろに出版されたこの2作品には「て
ください」より、「てくれ」が多く使用される傾向が見られる。

　一方、1970年ごろに出版された2作品について、『動脈列島』には「て
くれ」「てください」ともに22例あり、『社長解任』には「てくれ」21例、「て
ください」46例ある。このことから、1960年代から1970年代にかけて、「て
ください」の使用が急増していると言えるのではないかと考えられる。そ

の理由について、茅（2023）は1970年後半まで下位者に依頼する時に「てください」があまり使用されていないが、1970年後半から下位者に依頼する時にも多く使うようになったと指摘している。

## 5. テ形で言いさす文

「テ形で言いさす文」の使用状況を表3-4に示すが、後ろに終助詞の付く場合が多いため、「〜てよ」「〜てね」などを分けて示している。4作品合計で97例使われ、全用例（591例）の16%を占めている。「〜て」は53例使われ、社内場面により多く使われている。また否定形の「〜ないで（ね）」も14例見られる。さらに、97例のうち、終助詞の付く用例は39例であり、このように「テ形で言いさす文」の後ろに終助詞が付きやすいと言える。

表3-4　テ形で言いさす文

| | | 『総会屋錦城』 | 『天下を取る』 | 『動脈列島』 | 『社長解任』 | 合計 |
|---|---|---|---|---|---|---|
| て（53例） | 社内 | 0 | 17 | 18 | 1 | 36 |
| | 社外 | 3 | 10 | 5 | 0 | 18 |
| てよ（13例） | 社内 | 0 | 1 | 3 | 0 | 4 |
| | 社外 | 1 | 7 | 1 | 0 | 9 |
| てね（14例） | 社内 | 0 | 4 | 2 | 0 | 6 |
| | 社外 | 1 | 6 | 1 | 0 | 8 |
| てな（1例） | 社内 | 1 | 0 | 0 | 0 | 1 |
| | 社外 | 0 | 0 | 0 | 0 | 0 |
| てや（0例） | 社内 | 0 | 0 | 0 | 0 | 0 |
| | 社外 | 0 | 0 | 0 | 1 | 1 |
| ないで（3例） | 社内 | 0 | 0 | 2 | 0 | 2 |
| | 社外 | 1 | 0 | 0 | 0 | 1 |
| ないでね（11例） | 社内 | 0 | 0 | 0 | 0 | 0 |
| | 社外 | 2 | 9 | 0 | 0 | 11 |
| 合計 | | 9 | 54 | 32 | 2 | 97 |

各作品の使用状況について、『天下を取る』には 54 例、『動脈列島』には 32 例、『総会屋錦城』には 9 例使われるのに対し、『社長解任』には 2 例しか使われていない。このように、作品による大きな差異が見られるが、その理由は例文を示しながら分析する。

(1) びっくりなさってはだめ、それに怒ら<u>ないでね。</u>
ミチ（女）→沖（男）（総会屋錦城　社外，p69）
(2) だったら、あたしに、とんかつをご馳走し<u>てよ。</u>
安原（女）→大門（男）（天下を取る　社内，p58）

　例 (1) と例 (2) の発話者は女性であり、発話者が聞き手と親しい関係にある。『天下を取る』の 54 例のうち、女性が 45 例（83％）使用しており、『動脈列島』の 32 例のうち、女性が 22 例（69％）使用している。一方で、『総会屋錦城』の 9 例のうち、女性が 5 例（56％）使用しており、『社長解任』の 2 例のうち、女性が 1 例（50％）使用している。以上のことから、「テ形で言いさす文」は男性より女性が多く使用することが明らかになった。これは小林（2003）による平成期に出版された資料の調査結果と一致している。そのため、「テ形で言いさす文」は昭和後期から平成期まで女性が多く使用していることに変わりがないと言えよう。『社長解任』に「テ形で言いさす文」の使用例が極めて少ない理由について、『社長解任』は社長、副社長、専務、常務などの立場の「上」の人の権利争いが描かれており、「テ形で言いさす文」は多く使用する女性の登場人物が少ないため、「テ形で言いさす文」の用例が少ないのではないかと考えられる。

## 6. 〈依頼する〉旨を明示的に述べる文

　「〈依頼する〉旨を明示的に述べる文」の使用状況は次ページの表 3-5 に示す通り、4 作品合計で 78 例使われ、全用例（591 例）の 13％を占めている。

また社内では47例、社外では31例使われ、社外より社内により多く使用する傾向が見られる。そのうち、「頼む（たのむ）」（よ）は28例であり、最も多く使われている。以下に「頼む」の例文を示す。

（3）後をしっかり頼むよ。
　　　　　岸田（常務）→風岡（課長代理）（総会屋錦城　社内，p180)
（4）そうだ、頼むよ。
　　　　　人事係長→大門と亀村（新入社員）（天下を取る　社内，p40)
（5）ありがとう。それから、すまんがクルマの手配を頼む。
　　　　　宮本（副社長）→黒川（専務）（社長解任　社内，p171)

　例（3）〜例（5）のように、社内場面では目上の人が目下の人に対して「頼む」を多く使う傾向が見られる。また4作品には女性が「頼む」を使用する用例が1例も見られず、全例の使用者は男性に限られている。そのため、昭和期のビジネス小説の社内場面には目上の男性が目下の人に対して「頼む（よ）」を多く使用していると言えよう。特に『総会屋錦城』には「〈依頼する〉旨を明示的に述べる文」は16例のうち、「頼む（よ）」は10例であり、他の3作品より使用率が高いが、これは株主総会を牛耳る総会屋の実力者が登場人物の人物設定が会話文に反映しているためと考えられる。「頼む（よ）」に次いで、「お願いします」が25例使用され、2番目に多く使われる「〈依頼する〉旨を明示的に述べる文」である。一方、「お願いいたします」の用例が見られず、「お願い申し上げます」は4作品合計で1例のみである。そのため、昭和期のビジネス小説には、社内・社外を問わず、「お願いいたします」と「お願い申し上げます」より「お願いします」が多く使用される傾向が認められる。また『総会屋錦城』には「頼みまっせ」、『社長解任』には「お願いしまっせ」などのような方言的な表現 (注3) が見られる。

第3章　昭和後期のビジネス小説における依頼表現　　65

表 3-5　〈依頼する〉旨を明示的に述べる文

| | | 『総会屋錦城』 | 『天下を取る』 | 『動脈列島』 | 『社長解任』 | 合計 |
|---|---|---|---|---|---|---|
| よろしく（5例） | 社内 | 0 | 0 | 0 | 0 | 0 |
| | 社外 | 0 | 5 | 0 | 0 | 5 |
| 頼む（よ）（28例） | 社内 | 7 | 7 | 1 | 7 | 22 |
| | 社外 | 3 | 0 | 2 | 1 | 6 |
| 頼みます（8例） | 社内 | 1 | 0 | 0 | 6 | 7 |
| | 社外 | 1 | 0 | 0 | 0 | 1 |
| 願います（1例） | 社内 | 0 | 0 | 0 | 0 | 0 |
| | 社外 | 0 | 0 | 0 | 1 | 1 |
| お願い（する）（8例） | 社内 | 0 | 1 | 1 | 2 | 4 |
| | 社外 | 3 | 1 | 0 | 0 | 4 |
| お任せします（2例） | 社内 | 0 | 0 | 0 | 1 | 1 |
| | 社外 | 0 | 0 | 0 | 1 | 1 |
| （よろしく）お願いします（25例） | 社内 | 1 | 5 | 2 | 5 | 13 |
| | 社外 | 0 | 1 | 2 | 9 | 12 |
| お願いいたします（0例） | 社内 | 0 | 0 | 0 | 0 | 0 |
| | 社外 | 0 | 0 | 0 | 0 | 0 |
| よろしくお願い申し上げます（1例） | 社内 | 0 | 0 | 0 | 0 | 0 |
| | 社外 | 0 | 0 | 0 | 1 | 1 |
| 合計 | | 16 | 20 | 8 | 34 | 78 |

## 7. 肯定疑問文と否定疑問文

「肯定疑問文」の使用状況を次ページの表 3-6 に示しており、全用例（591例）の僅か 3％を占めているにすぎない。「肯定疑問文」はあまり使われていない。また「願えるか」「お願いしてよろしいですか」の 2 例のほか、全ての用例は「てくれる」「てもらえる」などの授受表現に由来する表現である。そのうち、「てくれる」系 4 例、「てもらえる」系 2 例、「てくださる」系 6 例、「ていただける」系 2 例であり、「てくださる」系の用例は最も多い。

「否定疑問文」の使用状況を 68 ページの表 3-7 に示す。表 3-7 に示す通り、「否定疑問文」は 4 作品合計で 65 例使用され、用例数は「肯定疑問文」の 3 倍以上である。さらに 4 作品のいずれも「肯定疑問文」より「否定疑問文」の方が多く使われている。また「願えませんか」（1 例）のほか、全ての用例は授受表現に由来する表現である。「てくれる」系 44 例、「てもらえる」系 8 例、「てくださる」系 1 例、「ていただける」系 11 例であり、「てくれる」系の用例は最も多い。このように、「肯定疑問文」の 89％、「否定疑問文」の 98％は授受表現に由来する表現である。そのうち、「てくれないか」「てくれませんか」などの「てくれる」系「否定疑問文」の用例は 44 例であり、他の表現より用例数が遥かに多い。

さらに「肯定疑問文」と「否定疑問文」のいずれも「てもらえる」系より「てくれる」系の用例が多い。「てくれる」系、「てもらえる」系、「ていただける」系は「否定疑問文」が「肯定疑問文」より多く使われる。しかし「てくださる」系の「肯定疑問文」は 6 例であるのに対し、「否定疑問文」は 1 例のみであり、「肯定疑問文」の方が多く使われる。その上、作品による大きな差異が見られ、『天下を取る』には 7 例使われるのに対して、他の 3 作品には用例が見られない。この差異が生じた理由について、他の 3 作品の作者はそれぞれ 1927 年、1931 年、1939 年の生まれであるのに対して、『天下を取る』の作者は 1912 年の生まれであることを考慮に入れると、生まれ年の違いによるものではないかと考えられる。

第3章　昭和後期のビジネス小説における依頼表現　　67

表 3-6　肯定疑問文

| | | 『総会屋錦城』 | 『天下を取る』 | 『動脈列島』 | 『社長解任』 | 合計 | |
|---|---|---|---|---|---|---|---|
| てくる（の）か<br>（4例） | 社内 | 1 | 1 | 0 | 0 | 2 | 4 |
| | 社外 | 0 | 2 | 0 | 0 | 2 | |
| てくださる（の）？<br>（2例） | 社内 | 0 | 1 | 0 | 0 | 1 | 6 |
| | 社外 | 0 | 1 | 0 | 0 | 1 | |
| てくださるでしょうか（2例） | 社内 | 0 | 1 | 0 | 0 | 1 | |
| | 社外 | 0 | 1 | 0 | 0 | 1 | |
| てくださいますか<br>（2例） | 社内 | 0 | 1 | 0 | 0 | 1 | |
| | 社外 | 0 | 1 | 0 | 0 | 1 | |
| てもらえるでしょうか（ね）（1例） | 社内 | 0 | 0 | 0 | 0 | 0 | 2 |
| | 社外 | 0 | 0 | 1 | 0 | 1 | |
| もらえますやろか<br>（1例） | 社内 | 0 | 0 | 0 | 1 | 1 | |
| | 社外 | 0 | 0 | 0 | 0 | 0 | |
| ていただけるでしょうか（1例） | 社内 | 0 | 0 | 0 | 0 | 0 | 5 |
| | 社外 | 1 | 0 | 0 | 0 | 1 | |
| ていただけますか<br>（4例） | 社内 | 0 | 0 | 0 | 1 | 1 | |
| | 社外 | 0 | 0 | 1 | 2 | 3 | |
| 願えるか<br>（1例） | 社内 | 0 | 0 | 0 | 1 | 1 | 2 |
| | 社外 | 0 | 0 | 0 | 0 | 0 | |
| お願いしてよろしいですか（1例） | 社内 | 0 | 0 | 0 | 1 | 1 | |
| | 社外 | 0 | 0 | 0 | 0 | 0 | |
| 合計 | | 2 | 9 | 2 | 6 | 19 | |

表 3-7　否定疑問文

| | | 『総会屋錦城』 | 『天下を取る』 | 『動脈列島』 | 『社長解任』 | 合計 | |
|---|---|---|---|---|---|---|---|
| てくれないか（な<br>ア）（35例） | 社内 | 2 | 4 | 9 | 12 | 27 | 44 |
| | 社外 | 2 | 2 | 3 | 1 | 8 | |
| てくれませんか<br>（9例） | 社内 | 0 | 0 | 0 | 2 | 2 | |
| | 社外 | 1 | 1 | 4 | 1 | 7 | |
| てくださいません<br>か（1例） | 社内 | 0 | 1 | 0 | 0 | 1 | 1 |
| | 社外 | 0 | 0 | 0 | 0 | 0 | |
| てもらえないか<br>（な）（3例） | 社内 | 0 | 0 | 0 | 2 | 2 | 8 |
| | 社外 | 0 | 1 | 0 | 0 | 1 | |
| てもらえませんか<br>（5例） | 社内 | 0 | 0 | 0 | 4 | 4 | |
| | 社外 | 0 | 0 | 1 | 0 | 1 | |
| ていだだけないか<br>（なあ）（2例） | 社内 | 1 | 0 | 0 | 0 | 1 | 11 |
| | 社外 | 1 | 0 | 0 | 0 | 1 | |
| ていだだけませんか<br>（でしょうか）（9例） | 社内 | 1 | 1 | 0 | 3 | 5 | |
| | 社外 | 0 | 0 | 1 | 3 | 4 | |
| 願えませんか<br>（1例） | 社内 | 0 | 0 | 0 | 0 | 0 | 1 |
| | 社外 | 0 | 0 | 1 | 0 | 1 | |
| 合計 | | 8 | 10 | 19 | 28 | | 65 |

　また「てもらえる」系は 1960 年代に出版された 2 作品には 1 例のみで
あり、1970 年代に出版された 2 作品には 9 例である。このように 1960
年代から 1970 年代末にかけて、「てもらえる」系の使用が少し増加する
傾向が見られる。「てもらえる」系と同様に、「ていただける」系の使用も
増加する傾向が見られ、1960 年代に出版された 2 作品には 5 例のみであ
るが、1970 年代に出版された 2 作品には 11 例である。一方、「てくださ
る」系の用例が 1960 年代から 1970 年代末にかけて見られなくなる。北
澤（2008）によれば、「〜いただく」は依頼に対する受諾と行為という二

重の恩恵を受けるという意味があり、「～くださる」より高い敬意が感じられる。また、「～いただく」の方が、動作主を明示しない分だけ、間接的で婉曲な表現であるとも指摘している。このような理由によって「てくださる」系より、「ていただける」系が多く使われるようになったのではないかと考えられる。

## 8. 希望を述べるという形をとる文

「希望を述べるという形をとる文」にあたるものを、山田（2004）は次の3つに分けている。

　　E類（条件＋評価系）依頼表現

　　F類（願望系）依頼表現

　　G類（意志系）依頼表現

　これに倣って、ここでも、4作品の「希望を述べるという形をとる文」をこの3類に分けて使用状況を見ると、表3-8のようになる。

表3-8　希望を述べるという形をとる文

| | 『総会屋錦城』 | | 『天下を取る』 | | 『動脈列島』 | | 『社長解任』 | | 合計 |
|---|---|---|---|---|---|---|---|---|---|
| | 社内 | 社外 | 社内 | 社外 | 社内 | 社外 | 社内 | 社外 | |
| E類（条件＋評価系）依頼表現 | 2 | 1 | 2 | 0 | 0 | 0 | 1 | 0 | 6 (5%) |
| F類（願望系）依頼表現 | 2 | 7 | 12 | 6 | 5 | 10 | 41 | 7 | 90 (80%) |
| G類（意志系）依頼表現 | 3 | 4 | 3 | 2 | 1 | 1 | 2 | 1 | 17 (15%) |
| 合計 | 7 | 12 | 17 | 8 | 6 | 11 | 44 | 8 | 113 |

表 3-8 に示した通り、「てほしい」「てもらいたい」などの F 類（願望系）依頼表現は 90 例であり、「希望を述べるという形をとる文」(注4) の 80%を占めている。特に『社長解任』には 52 例見られ、「希望を述べるという形をとる文」の全用例の 58%を占めている。一方で、「てくれたらいい」「てくれたらいいのだ」などのような E 類（条件＋評価系）依頼表現は 4 作品合計で 6 例のみであり、あまり使われていない。「希望を述べるという形をとる文」の中で F 類（願望系）依頼表現が最も多く使われているため、主な F 類（願望系）依頼表現形式である「てほしい」「てもらいたい」「ていただきたい」の使用状況は表 3-9 に示す。「てほしい」は 30 例、「てもらいたい」は 31 例、「ていただきたい」は 16 例使われている。以下に「てほしい」の用例を示す。

(6) これを最後の総会にして欲しいのだ。

　　　錦城→間宮（総会屋元老錦城の部下）（総会屋錦城　社内, p18）

(7) そう言わずに私に協力してほしい。

　　　島崎（副社長）→柚木（中央執行委員長）（社長解任　社内, p46）

「てほしい」は主に社内場面（24 例）に多く使われ、例（6）と例（7）のように、社内場面では目上の人が目下の人に対して「てほしい」を多く

表 3-9　主な F 類（願望系）依頼表現

|  | 『総会屋錦城』<br>（1959 年） | | 『天下を取る』<br>（1960 年） | | 『動脈列島』<br>（1974 年） | | 『社長解任』<br>（1979 年） | | 合計 |
|---|---|---|---|---|---|---|---|---|---|
|  | 社内 | 社外 | 社内 | 社外 | 社内 | 社外 | 社内 | 社外 | |
| てほしい | 2 | 2 | 1 | 2 | 2 | 0 | 19 | 2 | 30 |
| てもらいたい | 0 | 0 | 8 | 3 | 2 | 3 | 14 | 1 | 31 |
| ていただきたい | 0 | 3 | 3 | 1 | 0 | 2 | 3 | 4 | 16 |
| 合計 | 2 | 5 | 12 | 6 | 4 | 5 | 36 | 7 | 77 |

使い、目下の人が目上の人に対してあまり使わない傾向が見られる。小林（2003）の調査では女性が「てほしい」を使う用例が見られないが、本章では女性の使用する用例が5例見られ、否定形の「ないでほしい」も見られる。また「てもらいたい」は「てほしい」と同様に、社内の目上の人が目下の人に対して多く使用するのに対して、「ていただきたい」は初対面や親しくない社外の人、また社内の目下の人が目上の人に対して多く使う傾向が見られる。このように、場面や人間関係によって依頼表現を使い分けている。

　さらに工藤（1979）では第5期（昭和後期）に「てほしい」が盛んに使われるようになると指摘しているが、本章の調査した1959年、1960年、1974年に出版された3作品には「てほしい」の用例はまだ少なく、それぞれ4例、3例、2例しか見られないのに対して、1979年に出版された『社長解任』には用例が倍に増加し、21例使われている。


## 9. まとめ

　本章では昭和後期に出版されたビジネス小説を対象資料として、依頼表現を抽出して考察を行って以下のことを明らかにした。

　（1）社内・社外を問わず「間接依頼文」より「直接依頼文」が多く使われている。また「間接依頼文」と「直接依頼文」の使用において、男女差があまり見られないが、社内場面では地位による影響が考えられる。「てください」「てくれ」などの「命令形で終わる文」は最も多く使用される依頼表現形式である。そのうち、社内には「てくれ」、社外には「てください」が最も多く使われる依頼表現形式である。目上の男性が目下に対して「てくれ」を多く使う傾向が見られる。一方、女性が「〜て」「〜ないで」を多く使用する傾向が見られる。このように、現代語において男女の言語表現の接近が指摘されるものの、昭和後期のビジネス小説においては男女差が依然として存在すると言えよう。

　（2）「肯定疑問文」より「否定疑問文」の方が好まれていることが明ら

かになった。しかし、「てくださる」系のみは「肯定疑問文」の方が多く使われる傾向が見られる。さらに「肯定疑問文」と「否定疑問文」のいずれも「てもえる」系より、「てくれる」系の用例が多い。特に「否定疑問文」は「てもらえないか」「てもらえませんか」などの「てもらえる」系（否定形）より、「てくれないか」「てくれませんか」などの「てくれる」系（否定形）の方が用例は遥かに多い。昭和後期のビジネス小説には「てくれる」系は主流 (注5) であると言える。

　(3)「希望を述べるという形をとる文」について、「命令系で終わる文」に次いで、2番目に多く使われる依頼表現形式である。そのうち、「てほしい」「てもらいたい」などのF類（願望系）依頼表現は最も多く使われている。「てほしい」と「てもらいたい」は社内の目上が目下に対して多く使用するのに対して、「ていただきたい」は初対面や親しくない社外の人、また社内の目下が目上に対して多く使う傾向が見られる。このように、昭和後期のビジネス小説は場面や相手によって依頼表現を使い分けている。

　(4)「てほしい」の使用について、工藤（1979）は「てほしい」が昭和後期から盛んに使われるようになると指摘しているが、『総会屋錦城』(1959)、『天下を取る』(1960)、『動脈列島』(1974) の3作品には「てほしい」の用例はそれぞれ4例、3例、2例の合計9例しか見られず、『社長解任』(1979) の1作品のみには21例使われることから、ビジネス小説における「てほしい」の使用は1960年代、また1970年前半にはまだあまり使われず、1970年後半以降に盛んに使われるようになったと指摘できる。

　しかし、小林（2003）の調査した2000年前後の資料には、「てほしい」は2例のみ見られ、その上、2例とも男性が使用しているが、昭和期の末期から現在に至るまでの「てほしい」の使用状況の変遷、また使用の男女差については、今後の課題とする。

注：

(1) 相原（2008）の分類は Blum-Kulka ら（1989:18）を参考にした
ものである。Blum-Kulka ら（1989）は、間接的な方略が習慣化され
ているか否かを基準にさらに下位分類しており（習慣化されていない
ものを「ヒント」と呼ぶ）、その点は異なる。

(2) 同じ会社の人に依頼する場面を「社内」用例として収集し、取引の
ある他の会社の人や客に依頼する場面を「社外」用例として収集した。
家族内の会話や仕事関係ではない相手との会話を対象外にした。また、
本章では相手との関係は社内か社外かによって分類し、発話の場所を
考慮に入れなかった。

(3)「頼みまっせ」を「頼みます」、「お願いしまっせ」を「お願いします」
に集計して表 3-5 に示している。

(4) 平成期のビジネス小説では E 類（条件＋評価系）依頼表現、F 類（願
望系）依頼表現、G 類（意志系）依頼表現の使用率はそれぞれ 17%、
68%、15% であった（茅:2023）。昭和期から平成期になって、E 類（条
件＋評価系）依頼表現の使用の増加傾向が見られる。

(5) 平成期のビジネス小説では、（テモラウ系）依頼表現が多く使われ
ている（茅：2023）。このことから、昭和期から平成期になって（テ
モラウ系）依頼表現の使用が広がっていると言えよう。

# 第4章　平成以降のビジネス小説における
## 依頼表現について

## 1. はじめに

　日本語の依頼表現に関する学習は、表現様式を句型として教えることが多く、場面や人間関係などを考慮した依頼表現の教育はまだ不十分である。そのため、日本語学習者が実際に異文化コミュニケーションを行う際に、なかなかうまく日本人との会話ができない場合が多い。また依頼表現に関する研究は数多くなされているが、ビジネス場面における依頼表現の研究は少なく、なお研究の余地がある。本章では、平成以降に出版されたビジネス小説を資料として、場面や人間関係を考慮した上で、ビジネス小説における依頼表現の使用状況を分析していく。

## 2. これまでの研究

　蒲谷（2007）は「丁寧さ」の原理に基づく「許可求め型表現」に関する考察を行なっている。「シテモラッテモイイデスカ」「サセテモラッテモイイデスカ」のような「許可求め型表現」は「行動展開表現」における「丁寧さ」の原理に即した表現だといえると指摘している。蒲谷（2007）を参考にして野呂（2015）は日本語の依頼表現の使用についてアンケート調査を行っている。その結果、「〜てもらう型」表現への偏り、特に「〜てもらってもいいですか」という「許可求め型依頼表現」が優勢であるという。さらに「許可求め型依頼表現」を使用する際、相手に対する敬意の度合いがそれほど高くないと指摘している。小林（2003）ではまずTV

ドラマの台詞を確認し、その結果を踏まえ職場の自然談話資料における依頼表現の実態を分析している。「〜て / 〜ないで」「てください」「いただく」「お願いする」を含む語形が職場では男女問わず多く用いられ、その中でも「てください」は TV ドラマのやや改まった場面において、上司や同僚さらに部下といった様々な相手に対し最も多く使用される依頼形式であると指摘している。

## 3. 調査

### 3.1 調査目的

　依頼表現の研究は数多くなされているが、ビジネス場面における依頼表現の研究はまだ少ない。小林（2003）はジェンダーの視点から職場における依頼表現の調査を行っているが、社内と社外における依頼表現の使用を区別していない。そこで、本章では平成以降に出版されたビジネス小説を資料として、場面や人間関係などを考慮した上で、社内場面と社外場面に分けて、ビジネス小説における依頼表現の使用実態を明らかにしたい。

### 3.2 調査資料

　調査資料は以下の通りである。

　　江波戸哲夫（1993）『集団左遷』世界文化社

　　高杉良（1997）（上）『金融腐蝕列島』角川書店

　　吉野万理子（2012）『今夜も残業エキストラ』PHP 研究所

　　池井戸潤（2012）『七つの会議』日本経済新聞出版社

　　雫井脩介（2018）『引き抜き屋（1）鹿子小穂の冒険』PHP 文芸文庫

　この 5 作品は、（1）平成以降に出版されたものであること（平成以降の依頼表現を対象としたいため）、（2）業界による依頼表現の違いの可能性を考えて、異なる業界を舞台とするようにしたこと (注1)、（3）主人公が男性のものと女性のものと、両方を含むようにしたこと (注2)、という理由から選んだものである。

## 3.3　表現形式の分類

　相原（2008）を参考にして表現形式を「直接依頼文」と「間接依頼文」に2分し、それぞれをさらに3分した（名称は本章で変えた点がある）。6つに分類したそれぞれについて、簡単に注記を添えておく。

　「命令形で終わる文」は「てくれ」「てください」「お/ご～ください」を含む。

　「テ形で言いさす文」はテ形のあとに終助詞を添えたものや「～ないで」を含む。

　「〈依頼する〉旨を明示的に述べる文」とは「頼む」「頼みます」「お願いします」などで終わる文である。

　「肯定疑問文」は「てくれる？」「てもらえますか」「願えますか」などである。

　「否定疑問文」は「てもらえないか」「てくれないか」「ていただけませんか」「お願いできないでしょうか」などである。

　「希望を述べるという形をとる文」は「てほしい」「てもらいたい」「ていただきたい」「てもらいましょう」「ていただくと助かる」などである。

　以上のうち初めの3類が「直接依頼文」、あとの3類が「間接依頼文」である。


## 3.4　調査結果の概観

　表4-1に示す通り、依頼表現は、『集団左遷』には154例、『金融腐蝕列島』には225例、『今夜も残業エキストラ』には74例、『七つの会議』には187例、『引き抜き屋（1）鹿子小穂の冒険』には151例の合計791例使われている。「直接依頼文」と「間接依頼文」の比較を示すと、「直接依頼文」は527例使われているのに対して、「間接依頼文」は264例であり、婉曲的な言い方より、「直接依頼文」の方が好まれている。また、社外場面 (注3) の依頼表現は379例、社内場面の依頼表現は412例であり、社内と社外で、数にはあまり差異が見られない。男女別に見ると、791例のう

表 4-1　平成以降のビジネス小説における依頼表現形式

| | | | 『集団左遷』(1993年) | 『金融腐蝕列島』(1997年) | 『今夜も残業エキストラ』(2012年) | 『七つの会議』(2012年) | 『引き抜き屋(1)鹿子小穂の冒険』(2018年) | 合計 |
|---|---|---|---|---|---|---|---|---|
| 直接依頼文 | 命令形で終わる文 | 社内 | 61 | 59 | 19 | 47 | 12 | 198 |
| | | 社外 | 18 | 61 | 5 | 23 | 38 | 145 |
| | テ形で言いさす文 | 社内 | 8 | 1 | 11 | 11 | 7 | 38 |
| | | 社外 | 5 | 4 | 4 | 1 | 5 | 19 |
| | 〈依頼する〉旨を明示的に述べる文(127例) | 社内 | 7 | 14 | 11 | 12 | 7 | 51 |
| | | 社外 | 4 | 29 | 4 | 21 | 18 | 76 |
| 間接依頼文 | 肯定疑問文 | 社内 | 3 | 0 | 4 | 9 | 3 | 19 |
| | | 社外 | 3 | 1 | 3 | 4 | 9 | 20 |
| | 否定疑問文 | 社内 | 16 | 4 | 0 | 20 | 1 | 41 |
| | | 社外 | 5 | 10 | 1 | 16 | 3 | 35 |
| | 希望を述べるという形をとる文 | 社内 | 19 | 19 | 8 | 12 | 7 | 65 |
| | | 社外 | 5 | 23 | 4 | 11 | 41 | 84 |
| 合計 | | | 154 | 225 | 74 | 187 | 151 | 791 |

ち、男性が671例（85%）、女性が120例（15%）使用している。女性が使用している120例については、主人公が女性である『引き抜き屋（1）鹿子小穂の冒険』では36例、『今夜も残業エキストラ』では33例使われているのに対し、男性が主人公である『金融腐蝕列島』『七つの会議』『集団左遷』ではいずれも17例にとどまり、男女差が見られる。上位3位を見ると、「命令形で終わる文」が343例で43%を占め、「希望を述べるという形をとる文」が149例（19%）、「〈依頼する〉旨を明示的に述べる文」が127例（16%）である。以下に依頼表現形式ごとに見ていく。

## 4. 命令形で終わる文

5作品における「命令形で終わる文」の使用状況を表4-2（次ページ）に示す。

表4-2に示す通り、「命令形で終わる文」は343例であり、全用例（791例）の43％を占め、最も多く使われる依頼表現形式となっている。5作品のいずれでも高い使用率を占めており、『集団左遷』では79例使われ、51％（『集団左遷』の総用例数154例）を占めている。

また『金融腐蝕列島』では120例使われ、53％（『金融腐蝕列島』の総用例数227例）を占めている。『今夜も残業エキストラ』『七つの会議』と『引き抜き屋（1）鹿子小穂の冒険』の使用率はそれぞれ32％、37％、33％である。このように、平成初期の2作品における「命令形で終わる文」の使用率は50％を超えているが、2012年以降の3作品には減っている傾向が見られる。減っている理由は他の依頼表現形式の種類が増えているからではないかと考えられる。社内と社外別に見ると、社内には198例、社外には145例使われ、社内の場面により多く使われている傾向が見られる。

### 4.1 「てくれ」

「てくれ」（注4）は合計128例使われている。「てください」（165例）に次いで、2番目に多く使われる依頼表現形式となっている。そのうち、社内には104例（81％）、社外には24例（19％）使われている。このことから、「てくれ」は社外にはあまり使われず、社内によく使われると言える。各作品の社内における「てくれ」の使用は、『集団左遷』には29例、『金融腐蝕列島』には31例、『今夜も残業エキストラ』には7例、『七つの会議』には35例、『引き抜き屋（1）鹿子小穂の冒険』には2例使われている。このように『集団左遷』『金融腐蝕列島』と『七つの会議』の3作品の社内には「てくれ」が多く使われており、『今夜も残業エキストラ』と『引き抜き屋（1）鹿子小穂の冒険』にはあまり使われていない。その理由を、

80

表4-2　命令形で終わる文

| | | 『集団左遷』(1993年) | | 『金融腐蝕列島』(1997年) | | 『今夜も残業エキストラ』(2012年) | | 『七つの会議』(2012年) | | 『引き抜き屋(1)鹿子小穂の冒険』(2018年) | | 合計 |
|---|---|---|---|---|---|---|---|---|---|---|---|---|
| 命令形で終わる文「てくれ」 | 社内 | 29 | 「てくれ（よ）」(29) | 31 | 「てくれ（よ/よな/な）」(27)「ないでくれ（よな）」(2)「くれよ」(1)「ててくれな」(1) | 7 | 「てくれ（よ）」(6)「ないでくれよ」(1) | 35 | 「てくれ」(35) | 2 | 「てくれ(よ/や)」(2) | 104 |
| | 社外 | 7 | 「てくれ（よ）」(7) | 10 | 「てくれ（よ）」(8)「ないでくれ」(2) | 0 | | 1 | 「てくれ」(1) | 6 | 「てくれ（よ）」(6) | 24 |
| 合計 | | 36 | | 41 | | 7 | | 36 | | 8 | | 128 |
| 命令形で終わる文「てください」 | 社内 | 31 | 「てください（よ）」(31) | 24 | 「てください（よ）」(23)「ないでくださいよ」(1) | 12 | 「てください（ね/ねん/よう/よ）」(12) | 11 | 「てください」(11) | 10 | 「てください」(10) | 88 |
| | 社外 | 8 | 「てください」(8) | 26 | 「てください（ね）」(22)「ないでください（よ）」(4) | 4 | 「てください（ね）」(3)「ないでくださいね」(1) | 18 | 「てください」(18) | 21 | 「てください」(20)「てけさい（方言）」(1) | 77 |
| 合計 | | 39 | | 50 | | 16 | | 29 | | 31 | | 165 |
| 命令形で終わる文「お/ご〜ください」 | 社内 | 1 | 「お/ご〜ください」(1) | 4 | 「お/ご〜ください」(4) | 0 | | 1 | 「ご〜ください」(1) | 0 | | 6 |
| | 社外 | 3 | 「お/ご〜ください」(2)「をください」(1) | 25 | 「お/ご〜ください」(25) | 1 | 「お〜ください」(1) | 4 | 「お/ご〜ください」(4) | 11 | 「お/ご〜ください（せ）」(11) | 44 |
| 合計 | | 4 | | 29 | | 1 | | 5 | | 11 | | 50 |

例文を示しながら説明する。

   (1) 小西、営業部がらみのクレームを過去に遡ってピックアップして<u>く</u><u>れ。</u>

東京建電カスタマー室長佐野→部下である小西

（七つの会議　社内，p211）

   (2) それも企画本部長に聞い<u>てくれ。</u>

副社長横山→首都圏特販部本部長篠田（集団左遷　社内，p8）

   (3) もし、会社に連絡をしてきたら、いつ、何時でもかまわないから社長室に来るように言っ<u>てくれ。</u>

社長高輪→平社員紺野（今夜も残業エキストラ　社内，p276）

  例（1）は上司である佐野が部下の小西に向かって発した会話文である。例（2）は上司である副社長横山が首都圏特販部本部長篠田に向かって発した会話文である。例（3）は社長である高輪が平社員の紺野に向かって発した会話文である。3例の発話者はすべて男性である。例（1）～（3）のように、「てくれ」は目上の男性が目下に向かって使っている場合が多い。今回の調査では使用者はすべて男性に限られている。一方、『引き抜き屋(1) 鹿子小穂の冒険』と『今夜も残業エキストラ』の主人公は女性であり、主人公が誰かに依頼する時、「てくれ」をあまり使わないため、『引き抜き屋（1）鹿子小穂の冒険』と『今夜も残業エキストラ』の社内にはあまり使用されていないのではないかと考えられる。

## 4.2 「てください」と「お / ご～ください」

  「てください」(注5) は165例使われ、最も多く使われる依頼表現形式となっている。そのうち、社内には88例、社外には77例使われ、社内と社外には大きな差異が見られない。用例を以下に示す。

   (4) わかりました。ちょっと待っ<u>てください。</u>

ねじ六社長三沢→東京建電課長原島（七つの会議　社外，p73）

   (5) 一緒に常務のところまで行っ<u>てください。</u>

　　　　　　第三営業部長柳田→本部長篠田（集団左遷　社内，p145)

（6）私に就かせる気がおありなら、常務のポストは今から空けておいて
　　ください。

　　　　　六曜商事大槻→フォーン社長隆造（引き抜き屋（1）鹿子小穂の
　　　　　冒険　社外，p31)

（7）あとで結果を報告してください。

　　　　　　頭取秘書佐藤→企画部主任杉本（金融腐蝕列島　社内，p249)

例（4）はねじ六社長三沢が東京建電課長原島に向かって発した会話文
である。例（5）は第三営業部長柳田が本部長篠田に依頼する場面である。
例（6）は六曜商事の大槻がフォーンの社長隆造に依頼する場面である。
例（7）は目上の佐藤が目下の佐藤に依頼する場面である。このように、
社内と社外、また人間関係や場面などを問わず、「てください」が多く使
用されている。次に、以下に「お / ご〜ください」の用例を示す。

（8）それ以上は詳しくお話ししても意味はないかと。私としてはねじ六
　　さんの品質を信頼して伺ったとご理解ください。

　　　　　東京建電課長原島→ねじ六社長三沢（七つの会議　社外，p73)

（9）それじゃ、午後二時にお尋ねしたいと思いますのでお伝えください。
　　後ほどまたご連絡します。

　　　　　三有不動産首都圏特販部本部長篠田→横浜商事の社員（集団左遷
　　　　　社外，p316)

（10）大丈夫です。わたくしにおまかせください。

　　　　　　頭取秘書佐藤→鈴木会長（金融腐蝕列島　社内，p165)

「お / ご〜ください」は例（8）と例（9）のような社外場面に多く使わ
れている。特に『金融腐蝕列島』の社外には25例と多く使われ、そのう
ち、「ご容赦ください」「ご覧ください」「ご理解ください」「お待ちください」
などのような表現が多く見られる。社内場面では例（10）のように依頼
の強い意志を表す場合に使われている。「てください」と「お / ご〜くだ
さい」の使用について、茅（2021）では、ビジネス文書マニュアル本の

社内場面にも社外場面にも「てください」より「お／ご〜ください」が多く使用されると指摘しているが、本章で調査した5作品のビジネス小説には「お／ご〜ください」50例、「てください」165例であり、茅（2021）のビジネス文書マニュアル本における調査結果と大きく異なる。このことから、ビジネス小説よりビジネス文書マニュアル本のほうが丁寧度の高い依頼表現が使われることが指摘できる。

## 5．テ形で言いさす文

　「テ形で言いさす文」の使用状況を表4-3に示す。5作品合計で社外場面には19例、社内場面には38例の合計57例見られ、全用例（791例）の7％を占めており、社内の使用数は社外の2倍である。否定形の「〜ないで」は1例のみである。

表4-3　テ形で言いさす文

| | | 『集団左遷』(1993年) | | 『金融腐蝕列島』(1997年) | | 『今夜も残業エキストラ』(2012年) | | 『七つの会議』(2012年) | | 『引き抜き屋(1)鹿子小穂の冒険』(2018年) | | 合計 |
|---|---|---|---|---|---|---|---|---|---|---|---|---|
| テ形で言いさす文 | 社内 | 8 | 「て（よ）」(8) | 1 | 「てね」(1) | 11 | 「て（ね）」(9)「てて」(1)「ないで」(1) | 11 | 「て（よ）」(11) | 7 | 「て（ね）」(7) | 38 |
| | 社外 | 5 | 「て（よ）」(5) | 4 | 「て（よ）」(4) | 4 | 「て（ね）」(4) | 1 | 「て」(1) | 5 | 「て（よ）」(5) | 19 |
| 合計 | | 13 | | 5 | | 15 | | 12 | | 12 | | 57 |

「テ形で言いさす文」の各作品の中の使用率については、『集団左遷』は8％、『金融腐蝕列島』は2％、『今夜も残業エキストラ』は20％、『七つの会議』は6％、『引き抜き屋（1）鹿子小穂の冒険』は8％である。以下に例文を示す。

（11）ねえ、桜子、無人販売に協力してくれそうなドーナツ屋さん、知らない？　どこか紹介<u>してよ。</u>

　　　　　　　女性社員優衣→女性社員桜子（七つの会議　社内，p95）

（12）紹介<u>してよ。</u>

　　　　　　　住宅情報ウィークリーの女性編集長原→三有不動産首都
　　　　　　　圏特販部第四営業部長滝川（集団左遷　社外，p123）

（13）自分で会社作って、「フォーン」に対抗して、私を追い出して失敗だったって後悔させてやりたいの。だから、伸好さんも力を貸<u>して。</u>

　　　　　　　開発本部長小穂→システム管理課長松山
　　　　　　　（引き抜き屋（1）鹿子小穂の冒険　社内，p69）

　例（11）は優衣（女）が桜子（女）に向かって店を紹介してもらうよう依頼する場面であり、二人は親友の関係である。例（12）は女性編集長原が三有不動産首都圏特販部第四営業部長滝川（男）に向かって依頼する場面である。例（13）は小穂（女）が松山（男）に向かって発した会話文であり、二人は同僚でありながら恋人同士でもある。例（11）～（13）のように、親しい関係の人に負担度の低いことを依頼する時に「～て」を多く使用する傾向が見られ、特に女性が好んで使用している。57例のうち、女性が27例を使用しており、女性の依頼表現の総使用数（124例）の22％を占めている。一方、男性は30例を使用しているが、男性の依頼表現の総使用数（667例）の4％にとどまる。このことから、女性のほうが「～て」を多く使用すると言えるだろう。『今夜も残業エキストラ』の主人公は女性であるため、「～て」の使用率が他の4作品より遥かに高く、『今夜も残業エキストラ』の全用例数（74例）の20％を占めている。一方、『引き抜き屋（1）鹿子小穂の冒険』の主人公も女性であるが、社外の出来事

がメインとして描かれ、社外場面には「〜て」があまり使用されないため、用例数が少ないのではないかと考えられる。

また小林（2003）は「〜て／〜ないで」は比較的女性に多く使われると指摘しており、この点について、本章の調査結果は小林（2003）と一致している。

## 6.〈依頼する〉旨を明示的に述べる文

「お願いします」「頼みます」などのような「〈依頼する〉旨を明示的に述べる文」の使用状況を表4-4（次ページ）に示す。

表4-4に示す通り、社内には51例、社外には76例使用され、社外にはより多く使われる傾向が見られる。「〈依頼する〉旨を明示的に述べる文」の各作品の中の使用率については、『集団左遷』は7％、『金融腐蝕列島』は19％、『今夜も残業エキストラ』は20％、『七つの会議』は18％、『引き抜き屋（1）鹿子小穂の冒険』は17％である。

「お願いします」には、「お願いいたします」や「お願い申し上げます」といったより丁寧度の高い形がある。茅（2021）はビジネス文書マニュアル本には「お願いします」「お願いいたします」より「お願い申し上げます」が遥かに多く使われていると指摘しているが、これと異なり、5作品のビジネス小説には「お願いいたします」3例、「お願い申し上げます」2例しか見られない。これに対して「お願いします」は70例と多く使われている。このことから、ビジネス小説にはビジネス文書マニュアル本ほどの丁寧度の高い依頼表現があまり使われていないと言えるが、これは、話し言葉（ビジネス小説の中の会話）と書き言葉（ビジネス文書マニュアル本）の違いと見るべきように思う。以下に「お願い申し上げます」の用例を示す。

(14) なんとか信頼回復するよう努力して参りますので、よろしくご支援ご協力をお願い申し上げます。

子会社東京建電社長宮野→親会社ソニック社長徳山

86

表 4-4 〈依頼する〉旨を明示的に述べる文

| | | 『集団左遷』(1993年) | | 『金融腐蝕列島』(1997年) | | 『今夜も残業エキストラ』(2012年) | | 『七つの会議』(2012年) | | 『引き抜き屋(1)鹿子小穂の冒険』(2018年) | | 合計 |
|---|---|---|---|---|---|---|---|---|---|---|---|---|
| 〈依頼する〉旨を明示的に述べる文 | 社内 | 「頼む(頼みます)」(5)「お願い(お願いします)」(2) | 7 | 「頼むよ(ぞ)」(3)「頼んだからな」(1)「よろしくお願いします」(5)「お願いします」(4)「こちらこそよろしくお願いします」(1) | 14 | 「頼むよ」(2)「よろしく頼むよ」(2)「よろしく頼むな」(1)「よろしく頼む」(1)「願いします」(1)「よろしくお願いします」(2)「どうぞよろしくお願いいたします」(1)「ぜひこれからよろしくお願いいたします」(1) | 11 | 「頼む(頼みます)」(9)「お願い(お願いします)」(3) | 12 | 「お願い(よろしくお願いします)」(4)「よろしくね」(3) | 7 | 51 |
| | 社外 | 「頼む(頼みます)」(3)「お願いします」(1) | 4 | 「お願いします」(11)「どうぞよろしくお願いします」(1)「よろしくお願い申し上げます」(1)「願いますが」(1)「願います」(2)「よろしくお願いします」(8)「のほどよろしくお願い致します」(1)「こちらこそよろしくお願いします」(1)「頼む」(2)「たのむ」(1) | 29 | 「よろしくお願いします」(3)「とにかくよろしく」(1) | 4 | 「お願いします」(13)「よろしく頼む(頼みます)」(3)「よろしくお願いします」(3)「よろしく」(1)「よろしくお願い申し上げます」(1) | 21 | 「頼む(よ)/頼んだ(よ/ぞ)/頼もう」(5)「よろしくお願いします(ね)」(8)「に(も)どうぞ」(2)「よろしく」(1)「お願いしますよ」(1)「お願いするんです」(1) | 18 | 76 |
| 合計 | | 11 | | 43 | | 15 | | 33 | | 25 | | 127 |

（七つの会議　社外，p328）

例（14）は子会社の社長である宮野が親会社の社長である徳山に向かって発した会話文である。宮野が罪を犯して信頼回復の努力をしなければならない状況に置かれ、親会社の社長に対して丁寧度の高い「お願い申し上げます」を使用したものである。

## 6.1　「頼む」

「頼む」は27例（社内19例＋社外8例）、「頼みます」（社内4例＋社外3例）は7例使われている。「頼む」は社内にはより多く使用されている。以下に「頼む」の用例を示す。

（15）休日出勤。今、恵比寿。いろいろ雑用がたまっていてね。若林さんは君に任せた。よろしく<u>頼む。</u>

　　　　　　上司大賀→部下紺野（今夜も残業エキストラ　社内，p100）

（16）まあとにかく今日だけでも<u>頼むよ。</u>

　　　　上司並木→部下小穂（引き抜き屋（1）鹿子小穂の冒険　社内，
　　　　　　　　　　　　　　　　　　　　　　　　　　　　　　　p88）

このように、「頼む」は社内場面に男性が部下や地位の同等である人によく使う傾向が見られる。女性の使う用例は1例も見られない。「頼みます」の7例の中では、女性の使う用例（1例）が見られる。

## 7.　肯定疑問文

「肯定疑問文」の使用状況を表4-5に示す。表4-5（次ページ）に示す通り、「肯定疑問文」は39例使われ、全用例（791例）の5％を占めており、使用数の最も少ない依頼表現形式となっている。「肯定疑問文」の各作品の中の使用率については、『集団左遷』（1993年）は4％、『金融腐蝕列島』（1997年）は1％未満、『今夜も残業エキストラ』（2012年）は9％、『七つの会議』（2012年）は7％、『引き抜き屋（1）鹿子小穂の冒険』（2018年）は8％である。このように刊行時期が進むにつれて「肯定疑問文」の

表4-5　肯定疑問文

| | | 『集団左遷』(1993年) | | 『金融腐蝕列島』(1997年) | | 『今夜も残業エキストラ』(2012年) | | 『七つの会議』(2012年) | | 『引き抜き屋(1)鹿子小穂の冒険』(2018年) | | 合計 |
|---|---|---|---|---|---|---|---|---|---|---|---|---|
| 肯定疑問文 | 社内 | 3 | 「てくれるか?」(2)「くれますか」(1) | 0 | なし | 4 | 「てくれる?」(1)「てもらえるかな」(1)「てもらえますか?」(1)「お願いしていいですか」(1) | 9 | 「てれるか」(2)　「てもらえるか」(1)「願えますか」(3)「頼める?」(2)「てもらっていいでしょうか」(1) | 3 | 「てくれる?」(1)「願えますか」(1)「てもらえるかな」(1) | 19 |
| | 社外 | 3 | 「てくれる?」(2)「てくれますね」(1) | 1 | 「お願いできますか?」(1) | 3 | 「ていただけますか」(3) | 4 | 「てくれる?」(1)「てもらえますか?」(1)「てくれるだろうか」(1)「くれるか」(1) | 9 | 「てもらえますか」(2)「ていただいてもよろしいですかね」(1)「ていただけるんでしょうね?」(1)「いただいていいですか?」(1)「いただいてもよろしいでしょうか」(1)「ていただけます?」(1)「頂戴できますか」(1)「てもらっていいかな?」(1) | 20 |
| 合計 | | 6 | | 1 | | 7 | | 13 | | 12 | | 39 |

種類が増える傾向が見られる。また、野呂（2015）で調査した「〜てもらってもいいですか」という「許可求め型依頼表現」は『七つの会議』には1例、『引き抜き屋(1)鹿子小穂の冒険』には3例しか使われていない。以下に「肯定疑問文」の例文を示す。

（17）最初から詳しく話してもらえますか。

　　　　　　　　　　ソニック顧問弁護士加瀬→トーメイテック社長江木

（七つの会議　社外，p400）

(18) ちょっと面白い店があるの。ご無沙汰続きでそろそろ行かなきゃ
いけないんだけど、付き合ってくれる？

　　　　住宅情報ウィークリーの女性編集長原→三有不動産首都圏特販部
　　　　　　　第四営業部長滝川（集団左遷　社外，p124）

(19) あのう、結婚式場と自宅の登記簿謄本もお願いできますか？

　　　　協立銀行総務部竹中→『週刊潮流』記者吉田（親しい）
　　　　　　　　　　　　　（金融腐蝕列島　社外，p105）

　例（17）はソニックの顧問弁護士加瀬がトーメイテックの社長江木に
最初から話してもらうよう依頼する場面であり、江木は社長という立場で
あるが、罪を犯したので、加瀬弁護士に詳しいことを聞かれる場面である。
例（18）は職場で原が滝川（元彼氏）に一緒に面白い店に行ってくれる
よう依頼する場面である。例（19）は協立銀行総務部の竹中が『週刊潮流』
の記者吉田に依頼する場面である。例（17）〜（19）のように、問責の
場面や親しい関係の相手に負担度の低いことを依頼する場合に「肯定疑問
文」が使われる傾向が見られる。以下に「許可求め型依頼表現」の例文を
示す。

(20) この棚、今回の企画の件とは関係ないんですが、ウチの業務の参
考になるんでちょっと見せてもらっていいでしょうか。

　　　　カスタマー室長佐野→ライン長の内藤（七つの会議　社内，p247）

(21) 簡単にはお聞きしてますけど、具体的には話が煮詰まってきた段
階で、双方においてすり合わせしていただくことになると思います。
ちなみにですが、今現在の年収など、教えていただいてもよろしいで
すかね？

　　　　　　　　ヘッドハンター小穂→柴沢（客の立場）
　　　　　（引き抜き屋（1）鹿子小穂の冒険　社外，p279）

　これらでは、依頼しにくいことを依頼する時に、「許可求め型依頼表現」
が使用されている。また社外のほうがより丁寧度の高い「許可求め型依頼

90

表現」が使われている。


## 8. 否定疑問文

「否定疑問文」の使用状況を次ページ表 4-6 に示す。

社内には 41 例、社外には 35 例の合計 76 例使われ、全用例の 10％を占めている。「否定疑問文」の各作品の中の使用率については、『集団左遷』は 14％、『金融腐蝕列島』は 6％、『今夜も残業エキストラ』は 1％、『七つの会議』は 19％、『引き抜き屋（1）鹿子小穂の冒険』は 3％である。他の 3 作品と異なり、主人公が女性である 2 作品には、否定疑問文より肯定疑問の方が多く使われている。理由としては、「肯定疑問文」が女性に好まれているためなのではないかと見られる（女性が使う「肯定疑問文」「否定疑問文」合計 11 例のうち、10 例（91％）は肯定疑問文であった）。もっとも、今回の調査では「肯定疑問文」の用例数が少ないため、「肯定疑問文」と「否定疑問文」の男女差については、今後さらに検証する必要がある。以下に例文を示す。

(22) 差し支えなければ教え<u>ていただけませんか。</u>どんな方針なんです。

　　　　　　ねじ六の三沢→東京建電課長原島（七つの会議　社外，p72）

(23) 倉庫の件もウチに任し<u>てくれませんか。</u>

　　　　　　三有不動産首都圏特販部本部長篠田→横浜商事社長鹿児島

　　　　　　（集団左遷　社外，p205）

(24) 申し訳ないんだけど、暇なときでいいんで、ちょっと頼まれ<u>てく</u>
<u>れないかな。</u>

　　　　　　カスタマー室長佐野→別部署の谷口（知り合い）

　　　　　　（七つの会議　社内，p237）

例（22）はねじ六の三沢が原島（顧客の立場）に対して発した会話文である。例（23）は篠田が横浜商事の社長である鹿児島に対して発した会話文であり、倉庫の件もウチに任せてもらうよう営業している場面である。例（24）はカスタマー室長佐野が別部署の谷口に依頼する場面である。

表 4-6　否定疑問文

| | | 『集団左遷』(1993年) | | 『金融腐蝕列島』(1997年) | | 『今夜も残業エキストラ』(2012年) | | 『七つの会議』(2012年) | | 『引き抜き屋(1)鹿子小穂の冒険』(2018年) | | 合計 |
|---|---|---|---|---|---|---|---|---|---|---|---|---|
| 否定疑問文 | 社内 | 16 | 「てもらえないか」(2)「てくれんか」(2)「ていただけないか」(1)「ていただけませんか」(1)「てくれない(か)」(3)「てくれませんか」(1)「てくれない(んですか)/かな」(2)「ててくれないか」(1)「くれませんか」(1)「お願いできないでしょうか」(1)「なんとかお願いできない?」(1) | 4 | 「てもらえないかなあ(か)」(2)「てくれないか」(2) | 0 | | 20 | 「てくれないか」(9)「てもらえませんか」(4)「いただけませんか」(2)「ていただけませんか」(3)「てくれませんか」(1)「てくれねえか」(1) | 1 | 「てくれないかな?」(1) | 41 |
| | 社外 | 5 | 「てくれませんか」(3)「てくれない(ですかね)」(2) | 10 | 「てくれないか」(1)「ご〜くださいませんか」(1)「いただけませんでしょうか」(1)「ていただけないでしょうか」(1)「お〜いただけませんか」(1)「ていただけませんか」(3)「てもらえないの(かなあ)」(2) | 1 | 「てもらえないかな」(1) | 16 | 「てもらえませんか?」(5)「ていただけませんか」(5)「いただけないか(でしょうか)」(2)「てくれませんか」(2)「てくれないか」(1)「お願いできませんか」(1) | 3 | 「てくれないかな?」(1)「てくれないか」(1)「てくれませんかね」(1) | 35 |
| 合計 | | 21 | | 14 | | 1 | | 36 | | 4 | | 76 |

「てくれないか」は知っている相手、あるいは上司が部下に対して、負担度の大きくないことを依頼する時に多く使われている。「てくれませんか」は親しくない相手（客など）に対して、負担度の大きいことを依頼する時に使われている。また「てもらえないか」と「てもらえませんか」の使用される場面も異なっている。「てもらえないか」は知っている人に対して多く使用するのに対して、「てもらえませんか」は社外の相手（初対面）に負担度の大きいことを依頼する時に多く使用する傾向が見られる。「ていただけませんか」は社内の立場の「上」である人、また社外の人に対して依頼しにくいこと（負担度の大きい）を依頼する時に使われている。

## 9. 希望を述べるという形をとる文

　「希望を述べるという形をとる文」の使用状況を表 4-7 に示す。合計 149 例であり、全用例数（791 例）の 19％を占めている。「命令形で終わる文」に次いで、2 番目に多く使用される依頼表現形式である。そのうち、「てほしい」（36 例）と「てもらいたい」（30 例）が「希望を述べるという形をとる文」の用例の 44％を占めている。「希望を述べるという形をとる文」の各作品の中の使用率を見ると、『集団左遷』は 16％、『金融腐蝕列島』は 19％、『今夜も残業エキストラ』は 16％、『七つの会議』は 12％、『引き抜き屋 (1) 鹿子小穂の冒険』は 32％である。『引き抜き屋 (1) 鹿子小穂の冒険』（2018）で、特に社外場面に多く使われる理由は職業によるものではないかと考えられる。『集団左遷』『七つの会議』などの作品の主人公は社外の人に物を売る仕事をしている。一方、『引き抜き屋 (1) 鹿子小穂の冒険』の主人公はヘッドハンターであり、優れた人材をある会社から引き抜く仕事であるため、「てほしい」「てもらいたい」などの「希望を述べるという形をとる文」が多く使用されているのではなかろうか。

## 9.1 「てほしい」
　以下に例文を示す。

## 表 4-7　希望を述べるという形をとる文

| | | 『集団左遷』(1993年) | | 『金融腐蝕列島』(1997年) | | 『今夜も残業エキストラ』(2012年) | | 『七つの会議』(2012年) | | 『引き抜き屋(1) 鹿子小穂の冒険』(2018年) | | 合計 |
|---|---|---|---|---|---|---|---|---|---|---|---|---|
| 希望を述べるという形をとる文 | 社内 | 「てほしい (て欲しい)」(11)「てもらいたい」(3)「てもらうことができればいいと思う」(1)「てもらうつもりだ」(1)「また頼みたいんだけど」(1)「てもらいましょう」(1)「てもらおうと思っている」(1) | 19 | 「願いたいものですね」(1)「お願いしたいと思います」(2)「願いたい」(1)「てもらいたい (ねえ/んだ)」(5)「ていただきたいと思いまして」(1)「お～いただきたい」(1)「ないでもらいたいな」(1)「ないでほしいね」(1)「てもらおう (か)」(2)「もらいましょう」(1)「てもらいましょう」(1)「ていただくと助かります」(1)「てもらえるとありがたいな」(1) | 19 | 「てほしい (ん/んです/んだ)」(6)「てもらいたいんです」(1)「お願いしたいと思ってるんだ」(1) | 8 | 「てもらいたい」(8)「ていただきたい」(2)「てくれたらええねん」(1)「ていただくようにお願いしたい」(1) | 12 | 「てほしい (な/んだけど)」(5)「ていただきたい」(1)「てくれると助かるな」(1) | 7 | 65 |
| | 社外 | 「てほしい (んですよ/んだけど)」(4)「てもらいたい」(1) | 5 | 「てもらおう (か)」(6)「ていただきましょうか」(4)「てもらいましょうか」(1)「ていただきたいのです」(1)「ないでもらいたいな」(1)「ご～いただきたいと存じます」(1)「ていただきたいです」(1)「ていただきたいと存じまし/存じます (が)」(2)「なんとかお願いしたいわ」(1)「お願いしたいと思います」(1)「ぜひお願いしたいわ」(1)「いただければありがたいです」(1)「ていただければ願ったり叶ったりです」(1) | 23 | 「ないでもらいたいの」(1)「てほしいことがあるんだけど」(1)「ていただければ、と」(1)「ていただけたら、と」(1) | 4 | 「ていただきたい (です)/のですが」(4)「てもらいたいです (んです)」(4)「話を伺えばと思っています」(1)「をいただこうかと思って参ったのです」(1)「してくれたらありがたい」(1) | 11 | 「てほしい (よ/です/と思っているんです)」(8)「てもらいたい (んだ/んですよ/んどすわ)」(5)「もらえ (たら/る)と願っております/思います」(2)「てもらえば結構です」(1)「ていただけるとありがたいです/助かります/嬉しいです」(3)「いただければと思います/十分です」(4)「いただきたいと思います」(3)「ていただきたい (と思います)」(4)「ていただければと思います/と思うんです」(2)「てもらおうと (思いました/思いましてね)」(2)「ていただくだけでも光栄です」(1)「てもらいましょう」(1)「ていただきましょう」(1)「てもらえたらなと思いまして」(1)「願いたいと思います」(1)「お願いしたいんだ」(1)「お聞きできればと」(1) | 41 | 84 |
| 合計 | | 24 | | 42 | | 12 | | 23 | | 48 | | 149 |

(25) このご時世、お行儀のいい営業でノルマを達成できるほど甘くは
ない。カスタマー室ももう少し、営業部の事情を勘案してやっ<u>てほし
い。</u>

社長宮野→カスタマー室全員（七つの会議　社内，p216)

(26) その前に、どんな記事にするのか方針を聞かせ<u>てほしい。</u>

三有不動産首都圏特販部本部長篠田→住宅情報ウィークリー編集長<br>原（集団左遷　社外，p120)

(27) それで、『おどりカメたん』を仕切ってるんだ。いいね。ベンチャー
では年齢関係ないからね。これからもいい仕事をやっていっ<u>てほしい。</u>

社長高輪→平社員絵里（今夜も残業エキストラ　社内，p273)

例（25）は会議で社長である宮野がカスタマー室全員に対して発した
会話文である。例（26）は三有不動産首都圏特販部本部長篠田が住宅情
報ウィークリーの編集長原に対して発した会話文である。例（27）は社
長が平社員に対して発した会話文である。このように、「てほしい」は目
上の人が目下の人に向かって多く使用する傾向が見られ、特に話す相手が
１人ではなく、複数いる場合に使いやすいと考えられる。性別については、
上の例の発話者はどれも男性である。5作品合計で36例のうち、女性の
使う用例は3例のみであり、他の33例の使用者は男性である。これは小
林（2003）の「てほしい」が男性的表現であるという指摘と一致している。
小林（2003）は「てほしい」を男性的表現であるとしており、その指摘
を裏付けているようにも見えるデータだが、男女差が基本要因なのではな
く、上下が効いているのだと見られる可能性もあると思われる。


## 9.2　「てもらいたい」

(28) 二月一日より東京本社に首都圏特販部というのを設けることに
なった。ついては君にそこのキャップをやっ<u>てもらいたい。</u>

副社長横山→本部長篠田（集団左遷　社内，p8)

(29) 腹を割ってすべてを話すから、冷静に聞い<u>てもらいたい。</u>

杉本（立場が上）→竹中（金融腐蝕列島　社内，p23）

(30) 坂戸の後任として、一課をやっ<u>てもらいたい。</u>

部長北川→課長原島（七つの会議　社内，p24）

例 (28) ～ (30) のように、目上の人が目下の人に対して「てもらいたい」を多く使う傾向が見られる。


## 9.3　山田（2004）の「E 類、F 類、G 類」

以上の「希望を述べるという形をとる文」にあたるものを、山田（2004）は次の 3 つに分けている。

E 類（条件＋評価系）依頼表現

F 類（願望系）依頼表現

G 類（意志系）依頼表現 (注6)

これに倣って、ここでも、5 作品の「希望を述べるという形をとる文」をこの 3 類に分けて使用状況を見ると、表 4-8 のようになる。

E 類（条件＋評価系）依頼表現 (注7) は 26 例、F 類（願望系）依頼表現は 101 例（68%）、G 類（意志系）依頼表現は 22 例使われ、F 類（願望系）


表 4-8　E 類、F 類、G 類

| | 『集団左遷』（1993 年） | | 『金融腐蝕列島』（1997 年） | | 『今夜も残業エキストラ』（2012 年） | | 『七つの会議』（2012 年） | | 『引き抜き屋 (1) 鹿子小穂の冒険』（2018 年） | | 合計 |
| --- | --- | --- | --- | --- | --- | --- | --- | --- | --- | --- | --- |
| | 社内 | 社外 | 社内 | 社外 | 社内 | 社外 | 社内 | 社外 | 社内 | 社外 | |
| E 類（条件＋評価系）依頼表現 | 1 | 0 | 2 | 2 | 0 | 2 | 1 | 2 | 1 | 15 | 26 |
| F 類（願望系）依頼表現 | 16 | 5 | 13 | 10 | 8 | 2 | 11 | 8 | 6 | 22 | 101 |
| G 類（意志系）依頼表現 | 2 | 0 | 4 | 11 | 0 | 0 | 0 | 1 | 0 | 4 | 22 |
| 合計 | 19 | 5 | 19 | 23 | 8 | 4 | 12 | 11 | 7 | 41 | 149 |

96

依頼表現は最も多く使われる「希望を述べるという形をとる文」となっている。『引き抜き屋（1）鹿子小穂の冒険』にはE類（条件＋評価系）依頼表現（16例）が多く使われる傾向が見られる。以下に用例を示す。

（31）明日、金曜日で忙しいし、また手伝っ<u>てくれると助かるな。</u>

ヘッドハンター花緒里→後輩の小穂（親しい）

（引き抜き屋（1）鹿子小穂の冒険　社内，p245）

　例（31）のように、立場が「上」の人が親しい相手に依頼する時に（条件＋評価系）依頼表現が使われると考えられる。山田（2004）はテモラエルトアリガタイなど「のだが/のだけど」という形式を継続しない形式については、応答の面でも「いいですよ」ではやや答えにくい点など、やはり聞き手の存在が希薄であることから、さらに依頼表現としては周辺的であると指摘している。一方、『金融腐蝕列島』にはG類（意志系）依頼表現（15例）が多く使われる傾向が見られる。以下に用例を示す。

（32）けっこうです。目録をつくっ<u>ていただきましょうか。</u>

結婚式場経営者川口（客）→店長三原（協立銀行鈴木会長の

お嬢さん）（金融腐蝕列島　社外，p133）

（33）そうか。いまMOFにいるが、これから昼食を摂るから、そうだなあ、三時にホテルォークラのロビーに来<u>てもらおうか。</u>障子のある奥のほうにいるから。

杉本（立場が上）→竹中（金融腐蝕列島　社内，p125）

　このように、断られそうもない場合、G類（意志系）依頼表現が使われている。『金融腐蝕列島』にG類（意志系）依頼表現が使われている15例のうち、杉本が7例、川口が3例を使用している。偉そうな人物像を描くために、命令に近いG類（意志系）依頼表現が使われているのではないかと考えられる。


## 10．直接依頼文と間接依頼文

　「直接依頼文」と「間接依頼文」の使用状況を社内・社外および男女別

第4章 平成以降のビジネス小説における依頼表現について　97

表 4-9　直接依頼文と間接依頼文

|  |  | 女性 | 男性 | 合計 |
|---|---|---|---|---|
| 社内 (412) | 直接依頼文 | 50 (41%) | 237 (35%) | 287 (36%) |
|  | 間接依頼文 | 15 (13%) | 110 (16%) | 125 (16%) |
| 社外 (379) | 直接依頼文 | 37 (31%) | 203 (30%) | 240 (30%) |
|  | 間接依頼文 | 18 (15%) | 121 (19%) | 139 (18%) |
|  | 合計 | 120 | 671 | 791 |

に示すと表 4-9 のようになる。

　社内場面では「直接依頼文」287 例 (36%)、「間接依頼文」125 例 (16%)、社外場面では「直接依頼文」240 例 (30%)、「間接依頼文」139 例 (18%)であり、社内・社外のいずれも「間接依頼文」より「直接依頼文」のほうが多く使われている。社内と社外とで大きな差はないが、社内より社外のほうが「直接依頼文」の使用率が少なくなっている。

　この点は男女とも変わらないが、男女を比べると、女性のほうが男性よりも、社内・社外を問わず、「直接依頼文」の使用率が高い。その理由は親しい女性同士の会話が多いことによるものではないかと考えられる。

## 11.　テクレル系依頼表現とテモラウ系依頼表現の比較

　7 節・8 節で取り上げた諸表現のうち、テクレル系のものとテモラウ系のものだけを改めて取り出して、両者を比較する (注8)。表 4-10 に示す通り、テクレル系 (B 類) は 51 例使われるのに対して、テモラウ系 (C 類) は 49 例使われている (注9)。総使用数においては両者にあまり差が見られないものの、社内と社外の使用に分けてみると、大きな差が見られる。

　『集団左遷』(1993) では社内と社外のいずれもテモラウ系 (C 類) 依頼表現より、テクレル系 (B 類) 依頼表現のほうが多く使われている。し

表 4-10　テクレル系依頼表現とテモラウ系依頼表現

| | 『集団左遷』(1993 年) | | 『金融腐蝕列島 上』(1997 年) | | 『今夜も残業エキストラ』(2012 年) | | 『七つの会議』(2012 年) | | 『引き抜き屋(1)鹿子小穂の冒険』(2018 年) | | |
|---|---|---|---|---|---|---|---|---|---|---|---|
| | 社内 | 社外 | 社内 | 社外 | 社内 | 社外 | 社内 | 社外 | 社内 | 社外 | 合計 |
| テクレル系 | 13 | 8 | 2 | 2 | 1 | 0 | 14 | 6 | 2 | 3 | 51 |
| テモラウ系 | 4 | 0 | 2 | 8 | 2 | 4 | 10 | 13 | 1 | 5 | 49 |
| 合計 | 17 | 8 | 4 | 10 | 3 | 4 | 24 | 19 | 3 | 8 | 100 |

かし、『金融腐蝕列島』（1997）以降の 4 作品には異なる傾向が見られる。社内にはテクレル系とテモラウ系における差が小さく、相対的にテクレル系の方が多く使われている。一方、4 作品のいずれも社外場面ではテモラウ系（C 類）依頼表現の方が多く使われていることは共通している。このように、テモラウ系（C 類）依頼表現の使用の広がりが見られる。理由については蒲谷（2007）の指摘を引用して説明する。蒲谷（2007）では「シテクレマスカ」ではなく「シテモラエマスカ」にするのは、「行動」＝「相手」を、あたかも「行動」＝「自分」であるかのようにすることで「丁寧さ」の原理に即した表現にしているということであると指摘している。各作品のテクレル系（B 類）とテモラウ系（C 類）の使用状況を比較するため、表 4-10 を次ページの表 4-11 にまとめる。

　『集団左遷』（1993）にはテクレル系依頼表現は 21 例使われるのに対して、テモラウ系依頼表現は 4 例使われ、テクレル系はテモラウ系の 5 倍以上である。一方、『金融腐蝕列島』（1997）以降では、いずれもテクレル系よりテモラウ系の方が用例数は多くなっている。このように、テモラ

表 4-11　テクレル系依頼表現とテモラウ系依頼表現

| | 『集団左遷』<br>(1993 年) | 『金融腐蝕列島』<br>(1997 年) | 『今夜も残業エキストラ』<br>(2012 年) | 『七つの会議』<br>(2012 年) | 『引き抜き屋(1) 鹿子小穂の冒険』<br>(2018 年) | 合計 |
|---|---|---|---|---|---|---|
| テクレル系 | 21 | 4 | 1 | 20 | 5 | 51 |
| テモラウ系 | 4 | 10 | 6 | 23 | 6 | 49 |
| 合計 | 25 | 14 | 7 | 43 | 11 | 100 |

ウ系依頼表現の使用の広がりが見られる。「ていただけませんか」「ていただけないか」などの「ていただく」類は 25 例（社内 7 例＋社外 18 例）使われ、社外場面（社内用例の 2 倍以上）に多く使われている。「てくださる」類は 1 例のみである。「ていただく」の増加傾向が見られる。北澤（2008）では、「〜いただく」は依頼に対する受諾と行為という二重の恩恵を受けるという意味があり、「〜くださる」より高い敬意が感じられるとし、また、「〜いただく」の方が、動作主を明示しない分だけ、間接的で婉曲な表現であると指摘している。また蒲谷（2007）では「書いてくださいますか」は、基本的な依頼の構造である、「行動」＝「相手」、「決定権」＝「相手」、「利益・恩恵」＝「自分」ということが、表現上も明確であるのに対し、「書いていただけますか」という表現は、「行動」が「自分」（書いていただける）に切り替えられ、「丁寧さ」の原理に従えば、その構造を持つ表現が最も丁寧であることから、「書いてくださいますか」よりも「書いていただけますか」のほうが構造的に丁寧な表現であると言えると指摘している。このように、「てくださる」より「ていただく」の方が丁寧で

あるため、「ていただく」の増加傾向が見られるのではないかと考えられる。

## 12. まとめ

　本章では平成以降に刊行されたビジネス小説を資料として、人間関係や場面などを考慮した上で、ビジネス小説の社外場面と社内場面における依頼表現の使用状況を調査した。以下のことが明らかになった。

　(1) 社内場面と社外場面のいずれも「間接依頼文」より、「直接依頼文」の方が好まれている。ビジネス場面は日常の会話と異なり、効率を高めるため、婉曲的な言い方より「直接依頼文」を多く使用するのではないかと考えられる。そのうち、社内場面と社外場面のいずれも「命令形で終わる文」の使用数が1位となっている。「命令形で終わる文」のうち、社外場面では「てください」が5作品のいずれでも最も多く使われる依頼表現となっているが、社内場面では「てくれ」の5作品合計の用例が最も多い。「てくれ」の使用は登場人物の性別により、違いが目立つ。「肯定疑問文」と「否定疑問文」について見ると、「てくれる？」「てもらえますか」などの「肯定疑問文」は平成以降のビジネス小説にはあまり使われていない。全用例（791例）の5％のみである。親しい関係で、あるいは負担度の小さいことを依頼する場合、「肯定疑問文」が使われる傾向が見られる。「否定疑問文」は「肯定疑問文」より多く使われ、用例数は「肯定疑問文」の2倍である。社内の目上の人、また社外の人に負担度の大きいことを依頼する時に「てくれませんか」「てもらえませんか」「ていただけませんか」などの「否定疑問文」がよく使われる傾向が見られる。

　(2) 社外場面ではあまり使われない「〜て」が社内場面では特に女性に多く使われる傾向が見られる。一方、男性的表現とされてきた「てくれ」と「てほしい」について見ると、「てくれ」の全用例は全て男性によって使用され、また「てほしい」も9割が男性によって使われている。男女の言葉の接近が言われてはいるものの、平成以降のビジネス小説における依頼表現の使用において、男女差は依然としてある程度存在していると言

えるのではないかと考えられる。社外場面では、社内場面と比べて「お /
ご〜ください」の使用が多く、また、丁寧度の高い依頼表現である「てい
ただく」も社内場面より社外場面で遥かに多く使われている。社内と社外
によって依頼表現を使い分けていることが観察される。

　(3) ビジネス文書マニュアル本における依頼表現と比較すると、「てく
ださい」と「お / ご〜ください」、また「お願いします」「お願いいたしま
す」「お願い申し上げます」などの使用状況から、ビジネス小説における
依頼表現はビジネス文書マニュアル本ほど丁寧度が高くないと言える。こ
れは、話し言葉と書き言葉の違いのためと見られる。

　(4) 平成初期と比べると、ビジネス小説におけるテモラウ系依頼表現
の使用が広がる傾向が見られる。特に社外場面にはより多く使われている。
テモラウ系依頼表現の中の「ていただく」類は社外場面に多く使われてい
る。一方、テクレル系依頼表現については、「てくれないか」などのような「て
くれる」類が多く見られるが、「てくださる」類の用例は 1 例のみである。
依頼する時、「てくださいますか」「てくださいませんか」といった「てく
ださる」類がどのような場合に使われるのかは疑問として残される。

　また野呂（2015）で多く使われている「〜てもらってもいいですか」
という「許可求め型依頼表現」は今回調査した 2012 年以前の作品に見ら
れず、2012 年以降の作品に見られ始める。ビジネス小説においていつ頃
から使われるようになったのかは今後の課題にしたい。

102

注：

(1) それぞれの作品の舞台となる業界は、『集団左遷』は不動産業、『金融腐蝕列島』は銀行、『今夜も残業エキストラ』はキャラクタービジネスを手掛ける会社、『七つの会議』は電機メーカー、『引き抜き屋（1）鹿子小穂の冒険』はヘッドハンティング会社である。

(2) 『集団左遷』『金融腐蝕列島』『七つの会議』は主人公が男性、残り2つは主人公が女性。

(3) 社内場面と社外場面について、話し手と聞き手の関係（社内か社外）によって分類しており、どこで（会社内や飲食店など）会話したかの区別はしていない。

(4) 「てくれよ」「てくれな」「ないでくれ」などを含む。

(5) 「ないでください」なども含む。

(6) 山田のA類〜D類は、ここでの本章の論述には関係がないので、紹介を省略する。なお、B類とC類については、あとで触れる機会がある。

(7) 昭和期のビジネス小説ではE類（条件＋評価系）依頼表現、F類（願望系）依頼表現、G類（意志系）依頼表現の使用率はそれぞれ5％、80％、15％であった（茅：2023）。これに対して、平成以降のビジネス小説ではE類（条件＋評価系）依頼表現の使用の増加傾向が見られる。

(8) なお、テクレル系、テモラウ系を、山田（2004）はそれぞれ「B類」、「C類」と呼んでいる。テクレル系（B類）、テモラウ系（C類）の語例は次の通り。

**テクレル系（B類）**

　テクレル＋疑問：テクレル？テクレマス？テクダサル？テクダサイマス？等

　テクレル＋否定＋疑問：テクレナイ？テクレマセン？テクダサラナイ？等

テクレル + 否定 + 推量 + 疑問：テクレナイダロウカ、テクダサラナ
イデショウカ等

## テモラウ系（C 類）

テモラウ + 可能 + 疑問：テモラエル？テモラエマス？テイタダケル？
テイタダケマス？等

テモラウ + 可能 + 否定 + 疑問：テモラエナイ？テモラエマセン？
テイタダケナイ？等

テモラウ + 可能 + 否定 + 推量 + 疑問：テモラエナイダロウカ、テ
イタダケナイデショウカ等

(9) 昭和期のビジネス小説では（テモラウ系）依頼表現より（テクレル系）
依頼表現の用例は遥かに多かった（茅：2023）。このことから、昭和
期よりも平成期になって（テモラウ系）依頼表現の使用が広がってい
ると言えよう。

# 第5章 「てください」の使用状況の変遷について
## －ビジネス小説を調査対象として－

## 1. はじめに

　「てください」について、様々な研究の蓄積があり、また「お～ください」との比較の論文も少なくない。工藤（1979）は「てください（まし・ませ）」は江戸期から使われるようになり、否定形の「ないでください」は人情本にその萌芽が見られたが、明治期の作品にはあまりなく、大正期の作品からよく出てくるようになると指摘している。森田（1985）は「依頼者である話し手側のために、その求めに相手が応ずるよう申し出る行為」であるものを「依頼」とし、「聞き手の希望や利益を中心とした発想」から要求を行うものを「許容」としている。また「依頼」の場合は「お～ください」が使われないが、「許容」の場合には使われるとしている。前田（1990）は、受益者が話し手になるか（「依頼（広義）」）、聞き手になるか（「許可・勧め」）で大きく2つの場合に分け、さらに受益者が話し手になる場合について、「依頼（狭義）」に加えて、「お～ください」の使用が可能となる「命令・指示」と「懇願」とを提示している。吉井（2000）は「ください」に関して、「勧め」は「依頼」の内に位置づけられるべきものであると述べている。このように、先行研究では「ください」の機能について、意見が分かれている。

　本章では森田（1985）と前田（1990）を参考に、受益者が話し手になるか（「依頼（広義）」）、聞き手になるか（「許可・勧め」）の2つの場合に分ける立場を取る。

## 2. 研究目的

　森（2010）は、1880・1890 年代生まれの作者が受益型 (注1) を下位者に対して用いるのは一般的とは言えず、1940 年代生まれの作者では下位者に対して受益型を用いることが一般的となると指摘しているが、いつ頃から下位者に対して使うようになったのかはまだ明らかにされていない。そこで、本章では「てください」(注2) を取り上げ、昭和後期（戦後）から現在に至るまでの使用状況の変遷を明らかにしたい。言語形式の持つ機能自体は変化していないが、社会における人間関係のあり方が変化している可能性が考えられる。その調査のためには小説の中でも政治経済の実態やその変化を描写することで現実味を表現する傾向のあるビジネス小説が有効な分野ではないかと思われる。また、「てください」のどの機能が多く使われるかも明らかにしたい。


## 3. 調査方法と調査資料

　本章では 11 作品のビジネス小説における「てください」の全ての用例を抽出し、「社内」と「社外」別に考察を行う。城山と高杉の作品を 2 作品選んだ理由については、同じ作者において時代が進むことで、「てください」の使用状況に変化があるかどうかを確認するためである。

**「平成期」**

江波戸哲夫（1993）『集団左遷』世界文化社（作者の生年：1946 年）

高杉良（1997）（上）『金融腐蝕列島』角川書店（作者の生年：1939 年）

吉野万理子（2012）『今夜も残業エキストラ』PHP 研究所（作者の生年：1970 年）

池井戸潤（2012）『七つの会議』日本経済新聞出版社（作者の生年：1963 年）

雫井脩介（2018）『引き抜き屋（1）鹿子小穂の冒険』PHP 研究所（作者の生年：1968 年）

**「昭和後期」（戦後）**

城山三郎（1959）『総会屋錦城』文芸春秋新社（作者の生年：1927年）

源氏鶏太（1960）『天下を取る』講談社（作者の生年：1912年）

邦光史郎（1962）『社外極秘』三一書房（作者の生年：1922年）

城山三郎（1972）『うまい話あり』光文社（作者の生年：1927年）

清水一行（1974）『動脈列島』光文社（作者の生年：1931年）

高杉良（1979）『社長解任』グリーンアロー出版社（作者の生年：1939年）

　11作品のいずれにも下位者、対等者、上位者に依頼する場面が多く見られる。各作品の特性、概要などを以下(次ページ表5-1)に簡単にまとめる。

## 4. 平成期のビジネス小説における使用状況

　平成期のビジネス小説における「（ないで）てください」の使用状況を表5-2に示す。表5-2に示す通り、平成期のビジネス小説には「てください」143例、「ないでください」22例の合計165例が使われている。「てください」の使用例は「ないでください」の6倍以上である。社内と社外別に見ると、「てください」は社内には79例使われるのに対して、社外には64例使われており、「ないでください」は社内には9例であるのに対して、社外には13例である。このように、「てください」と「ないでください」は社内と社外における使用状況の差異が小さい。また、「てください」と「ないでください」のいずれも「依頼」機能の用例は「勧め」機能より遥かに多い。

## 4.1 「依頼」機能
### 4.1.1 「てください」の「依頼」機能

　話し手と聞き手の上下関係を「下位」「対等」「上位」に分類し、「てください」の「依頼」機能の使用状況を表5-3に示す。上下関係を認定する条件は森（2010）を参考にした。はっきりした上下関係のない場合、上下関係を「対等」にした。

表 5-1　各作品の特性・概要

| 作品 | 特性・概要 |
|---|---|
| 『総会屋錦城』（1959） | 企業の話を 7 作収めた短編集である。 |
| 『天下を取る』（1960） | サラリーマンの出世物語である。 |
| 『社外極秘』（1962） | トップ家電メーカーをモデルにして新商品開発の機密を探る情報作戦をテーマにした作品である。 |
| 『うまい話あり』（1972） | 主人公である津秋が海岸沿いに設置されたサービス・ステーションのマネージャーに選ばれ、部下たちと交わす会話が多い。 |
| 『動脈列島』（1972） | 新幹線のすさまじい騒音と振動に日々襲われたことが原因で心身ともに異常をきたして亡くなった患者を看取った医師がたった一人で国を相手取り、騒音対策を求めて立ち上がる物語である。 |
| 『社長解任』（1974） | ビジネスの場での権力の座をめぐる熾烈な抗争劇であり、上位者に依頼する場面も見られるが、上位者が下位者に依頼する場面が多く見られる。 |
| 『集団左遷』（1993） | 副社長、本部長、部長、部員の間の会話が多い。 |
| 『金融腐蝕列島』（1997） | 大手都銀・協立銀行の本店総務部へ異動になった竹中治夫による総務部の上司、部員、また総会屋との会話が多く見られる。 |
| 『今夜も残業エキストラ』（2012） | 営業アシスタントの紺野真穂が憧れの先輩、面倒くさい同僚、困った後輩と共に仕事する場面を描いている。 |
| 『七つの会議』（2012） | 東京建電の社内で不祥事が起き、事態の収拾を命じられた課長原島が親会社と取引先を巻き込んだ大掛かりな会社の秘密に迫る物語である。 |
| 『引き抜き屋（1）鹿子小穂の冒険』（2018） | 新米ヘッドハンター・小穂が一流の経営者らに接触するなかで、仕事や経営とは何か、また、人情の機微を学んでいく物語である。 |

表 5-2　平成期のビジネス小説における「(ないで) てください」の使用状況

| | | 『集団左遷』(1993年)(39例) | | 『金融腐蝕列島』(1997年)(50例) | | 『今夜も残業エキストラ』(2012年)(16例) | | 『七つの会議』(2012年)(29例) | | 『引き抜き屋(1)鹿子小穂の冒険』(2018年)(31例) | | 合計 |
|---|---|---|---|---|---|---|---|---|---|---|---|---|
| | | 社内 | 社外 | 社内 | 社外 | 社内 | 社外 | 社内 | 社外 | 社内 | 社外 | |
| てください | 依頼 | 26 | 8 | 20 | 20 | 9 | 3 | 8 | 14 | 5 | 11 | 124 |
| | 勧め | 0 | 0 | 3 | 2 | 3 | 0 | 1 | 1 | 4 | 5 | 19 |
| ないでください | 依頼 | 5 | 0 | 1 | 4 | 0 | 1 | 2 | 1 | 1 | 3 | 18 |
| | 勧め | 0 | 0 | 0 | 0 | 0 | 0 | 0 | 2 | 0 | 2 | 4 |
| 合計 | | 31 | 8 | 24 | 26 | 12 | 4 | 11 | 18 | 10 | 21 | 165 |

表 5-3　「てください」の「依頼」機能

| | 『集団左遷』(1993年)(34例) | | 『金融腐蝕列島上』(1997年)(40例) | | 『今夜も残業エキストラ』(2012年)(12例) | | 『七つの会議』(2012年)(22例) | | 『引き抜き屋(1)鹿子小穂の冒険』(2018年)(16例) | | 合計 |
|---|---|---|---|---|---|---|---|---|---|---|---|
| | 社内 | 社外 | 社内 | 社外 | 社内 | 社外 | 社内 | 社外 | 社内 | 社外 | |
| ↗ | 11 | 5 | 5 | 1 | 5 | 0 | 7 | 7 | 2 | 4 | 47 |
| → | 11 | 0 | 0 | 11 | 0 | 0 | 1 | 3 | 2 | 2 | 30 |
| ↘ | 4 | 3 | 15 | 8 | 4 | 3 | 0 | 4 | 1 | 5 | 47 |
| 合計 | 26 | 8 | 20 | 20 | 9 | 3 | 8 | 14 | 5 | 11 | 124 |

↗：話し手が下位者、聞き手が上位者
→：話し手と聞き手が対等
↘：話し手が上位者、聞き手が下位者

　表5-3に示す通り、平成期のビジネス小説における「てください」の「依頼」機能は社内には63例、社外には61例使われている。また、社内と社外を問わず、上位者、対等者、下位者のいずれに対しても多く使うことが明らかになった。また使用数においては、上位者に使用する例と下位者に使用する例にはあまり差異が見られない。

### 4.1.2　「ないでください」の「依頼」機能
　「ないでください」の「依頼」機能の用例は18例であり、各作品の使用数においてはあまり差異が見られない。また、社内・社外ともに9例である。上位者に7例、対等者に5例、下位者に6例使用しており、平成期のビジネス小説には「ないでください」を上位者、対等者と下位者のいずれに対しても使う傾向が見られる。

### 4.2　「勧め」機能
### 4.2.1　「てください」の「勧め」機能
　「てください」の「勧め」機能の使用は5作品合計で19例であり、そのうち、『引き抜き屋（1）鹿子小穂の冒険』は9例であり、およそ半数を占めている。その理由について、『引き抜き屋（1）鹿子小穂の冒険』の主人公の仕事はヘッドハンティングという仕事であるため、「安心してください」「頑張ってください」などの「てください」の「勧め」機能がよく使われるのではないかと考えられる。また19例のうち、上位者に11例、対等者に1例、下位者に7例が使用されており、下位者、対等者、上位者のいずれに対しても使う傾向が見られる。さらに「てください」の「勧め」機能に前接する動詞の中で、「頑張る」（7例）が最も多く、「訊く」

第5章 「てください」の使用状況の変遷について　　111

（5例）は2番目に多い。ほかに慰めや励ましの表現なども見られる。

### 4.2.2 「ないでください」の「勧め」機能

　「ないでください」の「勧め」機能は5作品で上位者に2例、下位者に2例の4例しか使われていないことから、平成期のビジネス小説には「ないでください」の「勧め」機能はあまり使われないと言える。そのうち、上位者に使う2例とも「なさらないでください」といった敬意の高い形式で使われている。以上のことから、平成期のビジネス小説には「てください」と「ないでください」のいずれも「依頼」機能が主な機能として使われ、また上位者、対等者、下位者のいずれに対しても使うことができることが明らかになった。

　一方、「ないでください」の「勧め」機能の用例は少ないが、上位者に使う時に、「なさらないでください」といったような敬意の高い表現が使われている。森（2010）では1940年代生まれの作者は下位者に対して受益型を用いることが一般的となると指摘している。本章の調査によると、1939年以降の生まれの作者では下位者に対して「てください」「ないでください」を多く用いることが見られる(注3)。以下では遡って昭和後期（戦後）のビジネス小説における「（ないで）てください」の使用状況を分析する。

### 5. 昭和後期のビジネス小説における使用状況

　昭和後期のビジネス小説における「（ないで）てください」の使用状況を表5-4に示す。

　表5-4に示す通り、『総会屋錦城』（1959）には13例、『天下を取る』（1960）には14例、『社外極秘』（1962）には18例、『うまい話あり』（1972）には31例、『動脈列島』（1974）には22例、『社長解任』（1979）には45例の合計143例使われている。60年代頃から70年代にかけて「てください」の使用の増加傾向が見られ、その理由について後述する。社内に

112

表 5-4　昭和後期のビジネス小説における「(ないで)てください」の使用状況

| | | 『総会屋錦城』(1959年) | | 『天下を取る』(1960年) | | 『社外極秘』(1962年) | | 『うまい話あり』(1972年) | | 『動脈列島』(1974年) | | 『社長解任』(1979年) | | 合計 |
|---|---|---|---|---|---|---|---|---|---|---|---|---|---|---|
| | | 社内 | 社外 | 社内 | 社外 | 社内 | 社外 | 社内 | 社外 | 社内 | 社外 | 社内 | 社外 | |
| てください | 依頼 | 2 | 3 | 4 | 8 | 0 | 13 | 4 | 24 | 1 | 16 | 27 | 13 | 115 |
| | 勧め | 2 | 2 | 1 | 0 | 0 | 1 | 0 | 1 | 0 | 3 | 0 | 4 | 14 |
| ないでください | 依頼 | 2 | 2 | 0 | 1 | 0 | 2 | 1 | 1 | 0 | 2 | 1 | 0 | 12 |
| | 勧め | 0 | 0 | 0 | 0 | 0 | 2 | 0 | 0 | 0 | 0 | 0 | 0 | 2 |
| 合計 | | 6 | 7 | 5 | 9 | 0 | 18 | 5 | 26 | 1 | 21 | 28 | 17 | 143 |

は 45 例、社外には 98 例使われ、社外の用例数は社内の 2 倍以上である。『社長解任』(1979) 以外の 5 作品のいずれも、社内より社外に多く使われる傾向が見られる。しかし、『社長解任』(1979) の場合、社内に 28 例であるのに対し、社外には 17 例であり、他の 5 作品と異なり、社内における用例数が急増している。社内における使用例が急増している理由について、以下の 5.1.1 では作品の出版年の古い順から例文を示しながら分析する。


## 5.1　「依頼」機能
## 5.1.1　「てください」の「依頼」機能

以下に作品の出版年の古い順から例文 (注4) を示す。


**『総会屋錦城』(1959 年)**

(1) 止して下さい。便利屋はもう結構、それに命がけの便利屋なんて……。

　　光野（新聞社内の航空部の航空士）／関（主任）（社内場面, p121）

(2) 社長の気持ちは分ります。分つた上でお願いするのです。延長して刻印させて下さい。

大島（常務）↗藤下（社長）（社内場面，p289）

(3) 見えすいた嘘はよして下さい。

　木崎（にしき新報）→後藤（B新聞社社会部次長）（社外場面，p231）

(4) どうぞ出して下さい。ただ、うちに売ってもらう。

　　　畑（大同銀行の秘書課長）→木崎（にしき新報）（社外場面，p241）

(5) お願いします。出すのをやめて下さい。

　　　　　　宇田川（記事に出る人物）の妻→木崎（にしき新報）

　　　　　　　　　　　　　　　　　　　　　　　（社外場面，p247）

　『総会屋錦城』（1959）における「てください」の「依頼」機能の使用は社内には2例、社外には3例の合計5例である。例（1）と例（2）は社内場面で目下の人が目上の人に使用する例であり、例（3）〜（5）は社外場面で社外の対等者に使用する例である。このように、「てください」の「依頼」機能は上位者と対等者に使用しているが、下位者に対して使用する用例は見られない。


**『天下を取る』（1960年）**

(6) ですから、叱るんなら、あたしを叱ってください。

　　　　　　　沢子（新入社員）↗西野（係長）（社内場面，p148）

(7) そして、その交渉に成功したら、今度の工場の仕入販売一切のことを、東洋物産にまかせてください。

　　　大門（東洋物産社員）↗磯田（磯田重工業社長）（社外場面，p236）

　例（6）は社内場面では目下の人が目上の人に対して使用する例であり、例（7）は社外場面で客に取引を求めている用例である。『天下を取る』（1960）における「てください」の「依頼」機能の使用は社内には4例、社外には8例の合計12例であり、用例は『総会屋錦城』（1959）の2倍以上である。また12例のうち、上位者と対等者に使用する例が見られるが、上位者が下位者に使用する例は見られない。

**『社外極秘』（1962 年）**

(8) じゃ、あとは現場へ行きまして、向うに張り込んでいる所員から、
話を聞いてみて下さい。

　　　　氷室（新関西商業興信所営業部長）　→日沼（産業調査研究所長）

　　　　　　　　　　　　　　　　　　　　　　　　（社外場面，p185）

(9) まあ、そいつは委せておいて下さいよ。セスナの経験はおありです
か？

　　　　　　　真杉（日東新報経済記者）→日沼（産業調査研究所長）

　　　　　　　　　　　　　　　　　　　　　　　　（社外場面，p212）

　例 (8) と例 (9) は社外の対等者に使用する例である。『社外極秘』(1962)
における「てください」の「依頼」機能の使用は社内には用例が見られず、
社外には 13 例見られる。これらの例 (8) と例 (9) のように、社外のはっ
きりした上下関係のない相手に「てください」を多く使う傾向が見られる。


**『うまい話あり』（1972 年）**

(10) 所長、今度、集金に行かれるとき、ぼくも連れて行ってください。
　　　　　　　　　　鈴木（部下）↗津秋（所長）（社内場面，p175）

(11) まあ、あてにしないで。気ながに待ってください。
　　　職安係員→津秋（サービス・ステーション所長）（社外場面，p70）

(12) 店のほうも、かわいがってください。
　　　　　津秋（サービス・ステーション所長）↗文房具屋（客）

　　　　　　　　　　　　　　　　　　　　　　　　（社外場面，p83）

(13) さあ、すぐ帰ってください。
　　　　不動産屋の細君（客）↘津秋（サービス・ステーション所長）

　　　　　　　　　　　　　　　　　　　　　　　　（社外場面，p182）

　例 (10) は社内場面で部下が上司に対して使用する例であり、例 (11)
〜 (13) は社外場面の用例である。例 (11) は社外の対等者に使用する
例であり、例 (12) は客に使用する例である。『うまい話あり』(1972)

における「てください」の「依頼」機能の使用は社内には4例、社外には24例の合計28例であり、1960年代の作品と比べると、用例数が2倍以上に増えている。しかし、社内には依然としてあまり使われていないことは1960年代頃の作品と共通している。一方、上位者と対等者の他、例（13）のように、1960年代頃の作品にはない下位者に使用する例も1例見られる。不動産屋の細君（客）が湘南海岸のサービス・ステーション所長に対して発した会話文である。発話者は女性であり、また料金の未払い客であるため、敬意のある「てください」を使用したのではないかと考えられる。

**『動脈列島』（1974年）**

　　（14）まだ二十日以上もあるんです。これからの二十日間は、犯人との
　　　　　心理戦争ですし、勝つ自信はあると報告して<u>ください</u>。

　　　　　　　　　　　滝川（警視庁犯罪科学捜査研究所所長）／国松（警察庁長官）
　　　　　　　　　　　　　　　　　　　　　　　　　　　　（社内場面，p108）

　　（15）みなさん、どうか力を貸して<u>ください</u>。

　　　　　　　　　　　　　国松（警察庁長官）→新聞記者（社外場面，p105）

　　例（14）は社内場面で部下が上司に使用する例であり、例（15）は社外 (注5) の対等者に使用する例である。『動脈列島』（1974）における「てください」の「依頼」機能の使用は社内には1例、社外には16例の合計17例であり、社内には依然としてあまり使われないことは以上の4作品と共通している。17例のうち、上位者と対等者に使用する例が見られるが、下位者に使用する例が見られない。また『動脈列島』の用例は話者・聞き手に警察関係者が多いが、「てください」の使用状況は以上の他の作品とあまり変わらない傾向が見られる。以上のことから、1970年代の半ば頃まで「てください」の「依頼」機能は下位者にあまり使わないと言えるだろう。

116

**『社長解任』（1979 年）**

『社長解任』（1979）に至って「てください」の「依頼」機能の使用が急増している。特に社内場面には 27 例も使われ、他の 5 作品の社内における合計数（11 例）より遥かに多い。理由について、『社長解任』（1979）の用例を取り上げて分析する。

（16）そんなもの、いつまでも置いとかないで、処分して<u>ください。</u>

　　　　　　　　　　　　三田（社長）＼秘書課長（社内場面, p80）

（17）そうして<u>ください。</u>

　　　　　　平川（第三人事課長＼山岡（課長代理）（社内場面, p126）

（18）ありがとう。それから、すまんがクルマの手配を頼む。私もお伴させてもらうが、社長のクルマにして<u>ください。</u>

　　　　　　　　宮本（副社長）＼黒川（総務部長）（社内場面, p171）

例（16）〜（18）は以上の 5 作品にあまり用例のない上位者が下位者に使用する例である。昭和期のビジネス小説における上下関係による「てください」の「依頼」機能の使用状況を以下の表 5-5 にまとめる。表 5-5 に示した通り、本章で調査した 1974 年までに出版された 5 作品合計で下位者に対しては 1 例しか使われていないが、『社長解任』（1979）では下

表 5-5　上下関係による「てください」の「依頼」機能の使用状況

| | 『総会屋錦城』(1959 年)(5 例) | | 『天下を取る』(1960 年)(12 例) | | 『社外極秘』(1962 年)(13 例) | | 『うまい話あり』(1972 年)(28 例) | | 『動脈列島』(1974 年)(17 例) | | 『社長解任』(1979 年)(40 例) | | 合計 |
|---|---|---|---|---|---|---|---|---|---|---|---|---|---|
| | 社内 | 社外 | 社内 | 社外 | 社内 | 社外 | 社内 | 社外 | 社内 | 社外 | 社内 | 社外 | |
| ↗ | 2 | 0 | 4 | 4 | 0 | 1 | 4 | 7 | 1 | 2 | 11 | 0 | 36 |
| → | 0 | 3 | 0 | 4 | 0 | 12 | 0 | 16 | 0 | 14 | 0 | 13 | 62 |
| ↘ | 0 | 0 | 0 | 0 | 0 | 0 | 0 | 1 | 0 | 0 | 16 | 0 | 17 |
| 合計 | 2 | 3 | 4 | 8 | 0 | 13 | 4 | 24 | 1 | 16 | 27 | 13 | 115 |

位者に使用する例は 16 例である。社内には「てください」の「依頼」機能を下位者に多く使うようになったため、『社長解任』（1979）の社内における用例数が急増しているのではないかと考えられる。

　以上のことから、ビジネス小説では 1970 年後半まで下位者に依頼する時に「てください」があまり使われていないが、1970 年後半から下位者に依頼する時にも多く使うようになったと指摘することができる。1974 年までのビジネス小説では，上位者は下位者に対してどのような依頼表現を使ったのだろうか。以下のような下位者に使用する例が見られる。

（19）　人間到る処青山あり、だ。今日のうちに、辞表を書いて<u>くれ</u>。

　　　　　人事係長＼大門と亀村（新入社員）（天下を取る　社内場面, p41）

（20）　津秋くん、今日はきみの人事相談日だ、本社へ行ってき<u>たまえ</u>。

　　　　　　　　　　　課長＼津秋（平社員）（うまい話あり　社内場面, p14）

　1974 年までに出版された 5 作品には下位者に対して例（19）のように「てくれ」を多く使う傾向が見られる。特に『天下を取る』（1960）には上位者が下位者に「てくれ」を 13 例使用している。また例（20）のように、下位者に「たまえ」を使用する例も見られる。田中（2002）では「書生ことば・官員ことばの「～タマエ」は明治になって上京してきた学生や若い官員たちの間に広まったもので、のち、次第に男性の尊敬表現として一般化し、大正から昭和の初めごろまでは、盛んに用いられた」と述べているが、本章で調査した 1970 年頃（昭和後期）の作品にも男性の使う「たまえ」の用例が見られる。そのほか、「なさい」なども見られる。

## 5.1.2　「ないでください」の「依頼」機能

　「ないでください」の「依頼」機能は 6 作品合計で 12 例である。上位者と対等者に使用する例が見られるが、下位者に使用する例は見られない。また上位者に使用する例は 3 例であり、その中の 2 例は「ないでください」の前接する部分が尊敬語化されている。さらに社内と社外別に見ると、社内には 4 例であるのに対して、社外には 8 例であることから、社外に多

く使われることが指摘できる。

## 5.2 「てください」と「ないでください」の「勧め」機能

「てください」の「勧め」機能は6作品合計で14例であり、あまり使われていないと言える。また上位者と対等者に使用する例は見られるが、下位者に使用する例は見られない。一方、否定形である「ないでください」の「勧め」機能の用例は2例しか使われていない。以下の例 (21) と (22) のように、2例とも対等者に使用している。例 (21) は否定形が「ん」になっており、発話者は大阪府警であるため、関西の方言の否定形を表現していると考えられる。

(21) 断っておきますが、ひどい写真ですからびっくりされんで下さいよ。

山本（府警）→磯村（近畿放送アナウンサー）

（社外極秘　社外場面, p132）

(22) 自分を粗末にしないで下さい。

日沼（産業調査研究所長）→磯村（近畿放送アナウンサー）

（社外極秘　社外場面, p191）

## 6. おわりに

本章では昭和期のビジネス小説6作品と平成期のビジネス小説5作品の合計11作品を調査し、「（ないで）てください」の使用状況の変遷を確認した。森（2010）では1940年代生まれの作者は下位者に対して受益型を用いることが一般的となると指摘している。本章の調査結果は森（2010）のこの指摘を裏付けている。他に明らかになったことは以下の通りである。

(1)「てください」の「依頼」機能については、調査した1974年までに出版された5作品合計で下位者に対して1例しか使われていないが、『社長解任』(1979) における下位者に使用する例は16例見られ、さらに『社

長解任』（1979）以降の平成期の5作品のいずれにも下位者に使用する例が見られる。このことから、ビジネス小説では1970年後半まで下位者に依頼する時に「てください」はあまり使用されていないが、1970年後半からは下位者に依頼する時にも多く使うようになったことが指摘できる。作者の生年別に見ると、1939年以降の生まれの作者では下位者に対して「てください」「ないでください」を多く用いることが見られる。また、1974年までは上位者が下位者に対して「てくれ」を多く使う傾向が見られる。

（2）社内と社外における「てください」の「依頼」機能の使用状況について、1974年までに出版された5作品合計で社内には11例しか使用されていない。一方、『社長解任』（1979）の社外には13例であるのに対して、社内には27例使われ、社内に用例数が急増する傾向が見られる。その理由は下位者に対して使わなかった「てください」を現実の会社や組織で使うようになったことによるものではないかと考えられる。

（3）「てください」と「ないでください」のいずれも、昭和期から平成期まで、「勧め」機能より「依頼」機能が主な機能として使われていることが明らかになった。

（4）否定形の「ないでください」について、「依頼」機能は11作品合計で30例使われており、「てください」の「依頼」機能と同様に、昭和期から平成期にかけて、下位者にも使うようになっていることが明らかになった。一方、「勧め」機能はあまり使われず、上位者に使う場合、「なさらないでください」のように、前接する部分が尊敬語化される傾向が見られる。

「（ないで）てください」の使用においては様々な要因が関わっていると思われるが、本章では主に上下関係による影響を分析した。性別などによる影響があるかどうかなどについては、今後の課題とする。

注：

(1) 「〜ください」のほか、「お〜ください」も含む。

(2) 「てください」のほか、「ないでください」も含む。今回調査した作品では「お / ご〜ください」を下位者にあまり使用していない。

(3) 言語資料としてのビジネス小説は、語彙・語法によって作者の生年が言語現象の史的変遷に反映する場合のみならず、作者自身の言語意識の変遷や人物設定に基づく意図的な使用も考えられるが、ここでは先行研究との比較のために、生年による検討を試みた。

(4) 例文の示し方について、身分は発話時の身分である。さらに「苗字」と「名前」のいずれを記載するかについて、作品にはよく現れるもので記載した。

(5) 警察の場合は、会社ではないので「社内」「社外」というよりは「組織内」「組織外」というべきであるが、他の作品と併せて考察するために、便宜上「社内」「社外」という分類を用いる。

# 第三部

## 上下関係・ジェンダーの依頼表現に及ぼす影響

# 第6章　ビジネスドラマにおける依頼表現
## －上下関係・話し手の性別・聞き手の性別による影響－

## 1. はじめに

　依頼行為は相手にあることをしてくれるように頼むことである。聞き手との関係や性別によって、使用する依頼表現が異なる可能性があると考えられる。そこで、本章では職場場面に焦点を置き、相手との上下関係、話し手の性別、また聞き手の性別などが使用する依頼表現にどのように影響を与えているのかを検証する。また職場場面の同部署では上下関係がはっきりしており、依頼表現の使用に上下関係による影響を分析しやすいと思われるため、普段一緒に仕事している同部署での会話場面を取り上げ、分析を行う。本章で対象とする「依頼」は、森田（1985）を参考に、「依頼者である話し手側のために、その求めに相手が応ずるよう申し出る行為」であるものとする。

## 2. これまでの研究

　高村（2014）は日本語を母語とする大学生、大学院生を対象としてアンケート調査を行い、日本語での依頼における文末表現について、依頼者の性別と依頼内容の負担度の大小によってそれぞれ表現にどのような相違点が見られるのかを調査している。その結果、依頼内容の負担度、話し手の性別により文末表現に違いが出ると指摘している。しかし、高村（2014）では依頼表現の使用に聞き手の性別や相手との上下関係による影響を考察していない。清水（2009）は高村（2014）と同様に、日本語を母語とす

る大学生、大学院生を対象として依頼場面を設定したアンケート調査を行っている。高村（2014）と異なって、話し手の性別だけでなく、聞き手の性別による影響も考察している。また上下関係の影響も考察しているが、先輩に頼む場面しか設定しておらず、後輩（下位者）に依頼する時の状況が明らかにされていない。このように、依頼表現の研究は大学生を対象としてアンケート調査を行うことが多いと思われる。また場面設定は友人や先輩などに依頼する場面が多い。職場場面における依頼表現の研究はまだ少ないと言える。

## 3. 調査の概要
### 3.1　調査対象と場面の分類方法

　本章では放送された2つのビジネスドラマ『これは経費で落ちません！』と『わたし、定時で帰ります。』を調査対象とする。調査方法はこの2つのドラマを視聴 (注1) して同部署での会話場面に現れた依頼表現を抽出して分析を行う。『これは経費で落ちません！』は2019年7月から9月までNHK総合テレビで放送された。『わたし、定時で帰ります。』は2019年4月より同年6月まで、TBSテレビ「火曜ドラマ」で放送された。2つのドラマの概要を表6-1に簡潔にまとめており、各放送局のドラマのホームページを参照したものである。

　『これは経費で落ちません！』
　: https://www2.nhk.or.jp/archives/movies/?id=D0009051087_00000
　『わたし、定時で帰ります。』: https://www.tbs.co.jp/watatei/story/

　同部署での会話場面を調査対象とした理由は上下関係がはっきりしているためである。また、普段一緒に働いている同部署なので、親疎関係は社外や他部署の人より、「親」になるのではないかと思われるので、本章では親疎関係を考慮に入れない立場を取る。ビジネスドラマの場合、登場人物に男性が比較的多いと思われるため、登場人物に女性が多いことをドラマの選定基準とした。場面について、相手との上下関係を「上・同・下」

表6-1 ２つのドラマの概要

| ドラマ | 内容 | 主な登場人物 |
|---|---|---|
| 『これは経費で落ちません！』 | 石鹸メーカーの経理部に勤める森若沙名子は、各部署より持ち込まれる領収書をよくよく精査すると、そこにはこの経費に関わった人々の怪しい事実や、はたまた悩める人生まで見えてくる。 | 森若沙名子：主人公、経理部所属。<br>新発田部長：経理部の部長。<br>田倉勇太郎：経理部所属。森若の先輩。<br>佐々木真夕：経理部所属。森若の後輩。<br>山田太陽：営業部所属。森若に関心がある。 |
| 『わたし、定時で帰ります。』 | 東山結衣はソフトウェア会社のディレクターとして、度々窮地に追い込まれるチームを一生懸命に守る。彼女は毎日定時で退社している。定時の女が選ぶ新時代の働き方が描かれている。 | 東山結衣：制作部ディレクター。<br>種田晃太郎：サブマネジャー。東山の元婚約者。<br>福永清次：マネージャー。種田が新卒で入った会社（同業）の元社長。<br>来栖泰斗：東山が教育係を務める新人。<br>三谷佳菜子：吸収合併された会社出身。<br>賤ヶ岳八重：東山が新人時代の教育係。<br>吾妻徹：フロントデザイナー。 |

の３段階、性別を「女→女」「女→男」「女→複数人」「男→男」「男→女」「男→複数人」の６つにして分析を行う。

## 3.2 表現形式の分類

　相原 (2008) (注2) を参考にして表現形式を「直接依頼文」と「間接依頼文」に２分し、それぞれをさらに３分した（名称は本章で変えた点がある）。６つに分類したそれぞれについて、簡単に注記を添えておく。

「命令形で終わる文」は「てくれ」「てください」「お / ご〜ください」
を含む。

「テ形で言いさす文」はテ形のあとに終助詞を添えたものや「〜ないで」
を含む。

「〈依頼する〉旨を明示的に述べる文」とは「頼む」「頼みます」「お願い
します」などで終わる文である。

「肯定疑問文」は「てくれる？」「てもらえますか」「願えますか」など
である。

「否定疑問文」は「てもらえないか」「てくれないか」「ていただけませんか」
「お願いできないでしょうか」などである。

「希望を述べるという形をとる文」は「てほしい」「てもらいたい」「て
いただきたい」「てもらいましょう」「ていただくと助かる」などである。

以上のうち初めの 3 類が「直接依頼文」、あとの 3 類が「間接依頼文」
である。


## 4.『これは経費で落ちません！』の同部署における依頼表現の使用状況

社内の同部署では、依頼表現を上位者に 20 例、同位者に 22 例使用し
ているのに対して、下位者に 50 例使用しており、上位者が下位者に依頼
する場面が多い。以下に、上位者、同位者、下位者に使用する依頼表現を
それぞれ検討する。


### 4.1　上位者に使用する依頼表現

上位者に使用する依頼表現を表 6-2 に示す。

表 6-2 に示す通り、女性が 15 例、男性が 5 例の合計 20 例使用されている。
「直接依頼文」（19 例）の使用について、「命令形で終わる文」は 15 例（女
性 11 例、男性 4 例）、「テ形で言いさす文」の用例は見られず、「〈依頼す
る〉旨を明示的に述べる文」は 4 例（女性 3 例、男性 1 例）である。一
方、「間接依頼文」は「否定疑問文」の 1 例（女性 1 例）しか使われず、「肯

表6-2　上位者に使用する依頼表現

| | | 女→女 | 女→男 | 女→複数 | 男→男 | 男→女 | 男→複数 |
|---|---|---|---|---|---|---|---|
| 直接依頼文（61） | 命令形で終わる文（11例+4例） | 「てください」(1) | 「てください」(9) | 「てください」(1) | 「てください」(2)「ないでください」(1)「てくれ」(1) | 0 | 0 |
| | テ形で言いさす文（0例） | 0 | 0 | 0 | 0 | 0 | 0 |
| | 〈依頼する〉旨を明示的に述べる文（3例+1例） | 0 | 「お願いします」(3) | 0 | 「お願いします」(1) | 0 | 0 |
| 間接依頼文（1） | 肯定疑問文（0例） | 0 | 0 | 0 | 0 | 0 | 0 |
| | 否定疑問文（1例+0例） | 0 | 「てもらえませんか?」(1) | 0 | 0 | 0 | 0 |
| | 希望を述べるという形をとる文（0例） | 0 | 0 | 0 | 0 | 0 | 0 |
| | 合計（20例） | 1 | 13 | 1 | 5 | 0 | 0 |

定疑問文」と「希望を述べるという形をとる文」の用例は見られない。このように、上位者に依頼する時に男女とも「間接依頼文」をあまり使わないと言える。一方、「直接依頼文」の中で「てください」（「ないでください」も含む）は14例であり、70％を占めている。男女のいずれも上位者に依頼する時に「てください」を最も多く使用しており、「テ形で言いさす文」「肯定疑問文」「希望を述べるという形をとる文」を使用していない。

　一方、男性が上位者に対して女性の使わない敬意の低い依頼表現「てく

れ」1例使用している。以下に例文を示す。

（1）俺の言うことを信用し**てくれ**。

　　　　　　　　　　　仙台工場留田（男）→仙台工場長住谷（男），第7回

　例（1）の発話者が石鹸作りのレジェンドと言われる年配のベテラン社
員であるため、上位者に対しても「てくれ」を使用したのではないかと考
えられる。このように、年齢や社内の声望も依頼表現の使用に影響を与え
ているのではないかと考えられるが、今回の調査ではこのような例文が少
ないため（主な部署である経理部、営業部、総務部の上司は部下より年上）、
年齢による影響は今後更に検討する必要がある。「間接依頼文」は「否定
疑問文」の1例（女性1例）しか使われておらず、以下に例文を示す。

（2）勇さん、専務に提出したデータ、私にも見せ**てもらえませんか？**

　　　　　　　　　　経理部佐々木（女）→経理部主任田倉（男），第8回

　例（2）は相手に物を見せてほしいと依頼する場面である。重要なデー
タであり、主任の田倉に断られる可能性も考えられるため、「間接依頼文」
の「否定疑問文」を使用したのではないかと考えられる。

## 4.2　同位者に使用する依頼表現

　同位者に使用する依頼表現を表6-3に示す。同位者に使用する依頼表
現は女性が11例、男性が11例の合計22例である。上位者に使用する
依頼表現と同様に、「直接依頼文」（19例）は「間接依頼文」（3例）より
用例が遥かに多い。内訳について、「命令形で終わる文」は9例（女性5
例、男性4例）、「テ形で言いさす文」は6例（女性4例、男性2例）、「〈依
頼する〉旨を明示的に述べる文」は4例（女性1例、男性3例）である。
そのうち、「てください」は6例、「〜て」は6例、「お願いします」は3
例である。一方、「間接依頼文」は「肯定疑問文」の2例（男性2例）と「希
望を述べるという形をとる文」の1例（女性1例）に過ぎない。このように、
男女とも同位者に「間接依頼文」をあまり使わないと言える。また上位者
に使用する「否定疑問文」は同位者に対して使用していない。

表 6-3 　同位者に使用する依頼表現

| | | 女→女 | 女→男 | 女→複数 | 男→男 | 男→女 | 男→複数 |
|---|---|---|---|---|---|---|---|
| 直接依頼文 (19) | 命令形で終わる文 (5例+4例) | 「ててください」(1)「お〜ください」(1)「てください」(1)「ないでください」(1) | 0 | 「お〜ください」(1) | 「てください。お願いします」(1)「てくれ」(1) | 0 | 「てください」(2) |
| | テ形で言いさす文 (4例＋2例) | 「〜て」(2)「〜ないで」(1) | 「〜て〜て」(1) | 0 | 0 | 「〜てて」(1) | 「〜て」(1) |
| | 〈依頼する〉旨を明示的に述べる文 (1例＋3例) | 0 | 「お願いします」(1) | 0 | 「てください。お願いします」(1)「任せる」(1) | 0 | 「よろしくお願いします」(1) |
| 間接依頼文 (3) | 肯定疑問文 (0例＋2例) | 0 | 0 | 0 | 「てくれる?」(1)「てもらえる?」(1) | 0 | 0 |
| | 否定疑問文 (0例) | 0 | 0 | 0 | 0 | 0 | 0 |
| | 希望を述べるという形をとる文 (1例＋0例) | 「ていただければ」(1) | 0 | 0 | 0 | 0 | 0 |
| | 合計 (22) | 8 | 2 | 1 | 6 | 1 | 4 |

一方、以下の例（3）のように同性の同位者に対して、男性が「てくれ」を使用する用例が見られ、女性が「てくれ」を使用する用例は見られない。

（3）とにかく手に入れ**てくれ**。バッグのサンプル。

営業部鎌本（男）→営業部山田（男），第8回

また男女とも上位者に使用しない「〜て」（「〜ないで」を含む）を同位者に使用しており、以下に例文を示す。

（4）それより、太陽君、来年の4月19日空けとい**て**。

営業部中島（女）→営業部山田（男），第10回

（5）他の人もやらなきゃ申し訳ないって空気にはし**ないで**。

総務部平松（女）→総務部横山（女），第4回

（6）希梨香は麻布さんとデザイナーについての報告書、作っ**てて**。

営業部山田（男）→営業部中島（女），第8回

例（4）は女性が男性に、例（5）は女性が女性に「〜て」（「〜ないで」を含む）を使用する用例であり、例（6）は男性が女性に「〜て」を使用する用例である。このように、女性が男女のいずれに対しても「〜て」を使用しているが、男性が男性（同性）に対して「〜て」を使用する用例は見られない。

## 4.3　下位者に使用する依頼表現

社内の同部署では下位者に使用する依頼表現を表6-4に示す。

下位者に使用する依頼表現は女性が14例、男性が36例の合計50例である。「直接依頼文」について、「命令形で終わる文」は11例（女性1例、男性10例）、「テ形で言いさす文」は19例（女性6例、男性13例）、「〈依頼する〉旨を明示的に述べる文」は7例（女性1例、男性6例）の37例である。一方、「間接依頼文」は「肯定疑問文」10例（女性6例、男性4例）、「否定疑問文」1例（男性1例）、「希望を述べるという形をとる文」2例（男性2例）の13例である。上位者、同位者より下位者に対して「間接

表6-4　下位者に使用する依頼表現

| | | 女→女 | 女→男 | 女→複数 | 男→男 | 男→女 | 男→複数 |
|---|---|---|---|---|---|---|---|
| 直接依頼文 (37) | 命令形で終わる文 (1例+10例) | 「てください」(1) | 0 | 0 | 「てください」(1)「てくれよ」(1) | 「てください(ね2)」(5)「ないでください」(1)「～ないで ～ないでください」(1) | 「てくれよ」(1) |
| | テ形で言いさす文 (6例+13例) | 「～て」(3)「～て～て」(1) | 「～て」(1)「～ないで」(1) | 0 | 「～て(よ1/ね1)」(5)「～ないで」(1) | 「～て(よ1/ね1)」(6)「～ないで」(1) | 0 |
| | 〈依頼する〉旨を明示的に述べる文 (1例+6例) | 0 | 「よろしく」(1) | 0 | 「頼みましたよ」(1) | 「頼みましたよ」(2)「お願いだ」(1)「お願いします」(1) | 「お願いいたします」(1) |
| 間接依頼文 (13) | 肯定疑問文 (6例+4例) | 「てくれる?」(2)「てもらえる?」(3)「ててもらえる?」(1) | 0 | 0 | 0 | 「お願いできますか?」(1)「てもらえる?(1)「てくれる?」(1)「てもらえるかな」(1) | 0 |
| | 否定疑問文 (0例+1例) | 0 | 0 | 0 | 0 | 「てもらえませんか」(1) | 0 |
| | 希望を述べるという形をとる文 (0例+2例) | 0 | 0 | 0 | 0 | 「てほしい」(1)「ないでほしい」(1) | 0 |
| | 合計 (50) | 11 | 3 | 0 | 9 | 25 | 2 |

依頼文」の使用率（26％）が高くなっているが、その理由は上位者と同位者にあまり使わない「てもらえる？」「てくれる？」などの「肯定疑問文」は下位者に対して多く使用するためである。特に女性が「肯定疑問文」を6例使用しており、女性が下位者に使用する用例（14例）の約半数を占めている。そのうち、「てくれる？」3例、「てもらえる？」6例が使用され、「てもらえる？」のほうがより多く見られるが、「丁寧体」の「てくれますか？」「てもらえますか？」の用例は見られない。一方、「直接依頼文」のうち、「〜て」は男女とも下位者に対して最も多く使用しており、男性が同性の同位者に使う用例は見られないが、同性の下位者に「〜て」を使用している。

　男女別に見ると、「命令形で終わる文」の使用に差異が見られ、男性が10例使用しているのに対して、女性は1例しか使用していない。また、女性は男性に対して「〜て」「よろしく」を使用しているが、女性に対して男性に使用しない「肯定疑問文」を使用している。一方、男性が男性に対して「てくれ」「頼みました」などの敬意の低い依頼表現を使用している一方、女性に対して男性に使わない「肯定疑問文」「否定疑問文」「希望を述べるという形をとる文」を使用している。このように、女性は同性に、男性は異性に対してより丁寧な依頼表現を使用していると言えるのではないかと考えられる。以下に女性が同性、男性が異性に依頼する場面の用例を掲げる。女性が同性（女性）に使用する11例の中に「テ形で言いさす文」は4例、「肯定疑問文」は6例、「命令形で終わる文」は1例であり、「肯定疑問文」の用例数が最も多い。以下に用例数の多い「〜て」と「肯定疑問文」の用例を示す。

　（7）真夕ちゃん、牛乳片付け<u>て</u>。

　　　　　　　　　経理部先輩森若（女）→経理部佐々木（女），第9回
　（8）真夕ちゃん、音量上げてスピーカーにし<u>て</u>。

　　　　　　　　　経理部先輩森若（女）→経理部佐々木（女），第10回
　（9）真夕ちゃん、天天祭りのたこ焼きとお好み焼きの見積もり、メール
　　　で送っ<u>てくれる？</u>

経理部先輩森若（女）→経理部佐々木（女），第10回
(10) ごめん、営業から新製品のサンプル持ってき**てもらえる？**

広報課上司織子（女）→広報課契約社員室田（女），第9回

例（7）、例（8）の「牛乳を片付ける」「スピーカーにする」より例（9）、例（10）の「見積もりを送る」「サンプルを持ってくる」のほうが負担度は高いと思われる。このように、女性が同性の下位者に依頼する時に依頼事の負担度が「小」から「大」となるにつれ、使用する依頼表現は「テ形で言いさす文」から「肯定疑問文」に変える傾向が見られる。

一方、男性が異性に使用する25例の中に「テ形で言いさす文」（7例）と「命令形で終わる文」（7例）が最も多い。女性より男性のほうが「命令形で終わる文」をより多く使用している。以下に用例数の多い「テ形で言いさす文」の「〜て」と「命令形で終わる文」の「てください」の用例を示す。

(11) そうか、あの、この発言内緒にしとい**て。**

経理部部長新発田（男）→経理部佐々木（女），第5回
(12) 秘書室なら、麻吹さんも連れてっ**てください。**

経理部部長新発田（男）→経理部森若（女），第6回

例（11）と例（12）のように、男性が異性に依頼する時に依頼事の負担度が「小」から「大」となるにつれ、使用する依頼表現は「〜て」から「てください」に変える傾向が見られる。

以上のことをまとめると、ビジネスドラマにおける社内の同部署では上位者が下位者に依頼する場面の用例が最も多く、また上位者、同位者、下位者のいずれに対しても「間接依頼文」より「直接依頼文」が多く使用されているが、下位者に負担度の大きいことを依頼する時に「間接依頼文」も多く使用されるようになることが言えよう。また上位者と同位者に対して、男女とも「てください」を最も多く使用しており、男女の依頼表現の使用に大きな差異は見られない。一方、下位者に対して男女が使用する依頼表現に差異が見られ、女性が「テ形で言いさす文」と「肯定疑問文」を

最も多く使用しており、「命令形で終わる文」を1例（「てください」）しか使用していない。しかし、男性が「テ形で言いさす文」の他、「命令形で終わる文」（10例）を多く使用している。このように、女性が下位者、特に同性の下位者に対して「命令形で終わる文」の代わりに、「間接依頼文」を多く使用する傾向が見られる。また女性は男性の下位者に使用する依頼表現の中に「〜て」「よろしく」のような敬意の低い依頼表現しか見られておらず、女性の下位者に対して男性に使用しない「肯定疑問文」を使用している。一方、男性は男性の下位者に対して「てくれ」「頼みました」などの敬意の低い依頼表現を使用している一方、女性の下位者に対して男性に使わない「間接依頼文」である「肯定疑問文」「否定疑問文」「希望を述べるという形をとる文」を使用している。このように、下位者に対して女性は同性に、男性は異性に対してより敬意の高い依頼表現を使用していると言えるのではないかと考えられる。

「テ形で言いさす文」について、男女とも上位者に使用せず、同位者と下位者に使用しており、特に下位者に対して、男女とも多く使用している。小林（2003）(注3) は「〜て／〜ないで」は比較的女性に多く使われると指摘しているが、本章の調査では下位者に対して男性も「〜て／〜ないで」を多く使用している（下位者に対して男性が13例、女性が6例を使用している）。

## 5. 『わたし、定時で帰ります。』の同部署における依頼表現の使用状況

上位者に46例、同位者に18例使用しているのに対して、下位者に114例使用しており、『これは経費で落ちません！』と同様に、下位者に依頼する場面が遥かに多い。以下に、上位者、同位者、下位者に使用する場面をそれぞれ検討する。

### 5.1 上位者に使用する依頼表現

上位者に使用する依頼表現を表6-5に示す。

同部署の上位者に使用する依頼表現は女性が36例、男性が10例の合

第6章　ビジネスドラマにおける依頼表現　　135

表6-5　上位者に使用する依頼表現

| | | 女→女 | 女→男 | 女→複数 | 男→男 | 男→女 | 男→複数 |
|---|---|---|---|---|---|---|---|
| 直接依頼文 (33) | 命令形で終わる文 (15例＋4例) | 「てください (よ1)」(5)「ないでください」(1) | 「てください (よ3)」(8)「お～ください」(1) | 0 | 「てください (よ1)」(3) | 「てください」(1) | 0 |
| | テ形で言いさす文 (1例＋2例) | 「～て」(1) | 0 | 0 | 0 | 「～て」(2) | 0 |
| | 〈依頼する〉旨を明示的に述べる文 (10例＋1例) | 「お願いします」(3)「お願いします　お願い」(1) | 「お願いします」(5)「お願いしますお願いします」(1) | 0 | 0 | 「お願い」(1) | 0 |
| 間接依頼文 (13) | 肯定疑問文 (4例＋1例) | 「てもらえますか」(1) | 「お願いできますか」(1)「ていただいてもいいですか」(1)「てもらえますか」(1) | 0 | 0 | 「てもらってもいいかな」(1) | 0 |
| | 否定疑問文 (5例＋0例) | 「てもらえませんかね?」(1) | 「ていただけないでしょうか」(1)「ないでもらっていいですか」(1)「てくれませんか。お願いします」(1)「てもらえませんか」(1) | 0 | 0 | 0 | 0 |
| | 希望を述べるという形をとる文 (1例＋2例) | 「てほしい」(1) | 0 | 0 | 「てほしいです」(1) | 「たいですけど」(1) | 0 |
| | 合計 (46) | 14 | 22 | 0 | 4 | 6 | 0 |

計 46 例である。「命令形で終わる文」は 19 例（女性 15 例、男性 4 例）、「テ形で言いさす文」は 3 例（女性 1 例、男性 2 例）、「〈依頼する〉旨を明示的に述べる文」は 11 例（女性 10 例、男性 1 例）の 33 例である。一方、「間接依頼文」は「肯定疑問文」5 例（女性 4 例、男性 1 例）、「否定疑問文」5 例（女性 5 例）、「希望を述べるという形をとる文」3 例（女性 1 例、男性 2 例）の 13 例である。「直接依頼文」は 33 例であるのに対して、「間接依頼文」は 13 例であり、「直接依頼文」の方が多く使用されている。そのうち、男女とも上位者に対して「てください」を最も多く使用している。女性は「てください」（15 例）のほか、「お願いします」（10 例）も多く使用している。男女を比較すると、女性が「お〜ください」「ていただいてもいいですか」「ていただけないでしょうか」などのような敬意の高い依頼表現を使用しているのに対して、男性は「お願い」「てもらってもいいかな」を使用している。このように、上位者に対して、女性の方がより敬意の高い依頼表現を使用していると言える。

　また男女とも上位者に対して「テ形で言いさす文」と「〈依頼する〉旨を明示的に述べる文」をあまり使用していない。「肯定疑問文」と「否定疑問文」は合計 10 例であり、そのうち、「てもらえる」系は 6 例、「ていただける」系は 2 例、「てくれる」系は 1 例であり、「てもらえる」系の方が用例数は多い。

## 5.2　同位者に使用する依頼表現

　同位者に使用する依頼表現を次ページの表 6-6 に示す。

　同位者に使用する依頼表現は女性が 16 例、男性が 2 例の合計 18 例であり、男性が使用する用例数は少ない。その理由は立場が同じである男性同士の発話があまり多くないことによるものではないかと思われる。

　「直接依頼文」について、「命令形で終わる文」は 6 例（女性 5 例、男性 1 例）、「テ形で言いさす文」は 6 例（女性 6 例）、「〈依頼する〉旨を明示的に述べる文」は 3 例（女性 3 例）の 15 例である。

第6章　ビジネスドラマにおける依頼表現　　137

表6-6　同位者に使用する依頼表現

| | | 女→女 | 女→男 | 女→複数 | 男→男 | 男→女 | 男→複数 |
|---|---|---|---|---|---|---|---|
| 直接依頼文（15） | 命令形で終わる文（5例＋1例） | 「てください」(3) | 「てください」(1) | 「てください」(1) | 0 | 「てください」(1) | 0 |
| | テ形で言いさす文（6例＋0例） | 「〜て」(2) | 「〜て〜て」(1) | 「〜て」(3) | 0 | 0 | 0 |
| | 〈依頼する〉旨を明示的に述べる文（3例＋0例） | 「お願いします」(1) | 0 | 「よろしくお願いします」(2) | 0 | 0 | 0 |
| 間接依頼文（3） | 肯定疑問文（2例＋1例） | 「ていただけますか」(1) | 「てもらってもいいですか」(1) | 0 | 「お願いできますか」(1) | 0 | 0 |
| | 否定疑問文（0例＋0例） | 0 | 0 | 0 | 0 | 0 | 0 |
| | 希望を述べるという形をとる文（0例＋0例） | 0 | 0 | 0 | 0 | 0 | 0 |
| 合計（18） | | 7 | 3 | 6 | 1 | 1 | 0 |

　一方、「間接依頼文」は「肯定疑問文」（女性2例、男性1例）の3例しか使われていない。このように、「直接依頼文」は15例であるのに対して、「間接依頼文」は3例であり、「間接依頼文」はあまり使われていない。そのうち、女性が「〜て」「てください」を多く使用している。また、授受動詞に由来する依頼表現について、「てくれる」系と「てくださる」系の用例は見られず、「てもらえる」系1例、「ていただける」系1例が見られる。

## 5.3 下位者に使用する依頼表現

下位者に使用する依頼表現を表 6-7 に示す。下位者に使用する依頼表現は女性が 34 例、男性が 79 例の合計 113 例である。上司の中に男性が多いため、下位者に使用する依頼表現は女性より男性のほうが多い。「直接依頼文」について、「命令形で終わる文」は 10 例（女性 3 例、男性 7 例）、「テ形で言いさす文」は 54 例（女性 18 例、男性 36 例）、「〈依頼する〉旨を明示的に述べる文」は 35 例（女性 9 例、男性 26 例）の 99 例である。一方、「間接依頼文」は「肯定疑問文」11 例（女性 4 例、男性 7 例）、「否定疑問文」3 例（男性 3 例）の 14 例であり、「希望を述べるという形をとる文」が使用されていない。このように、男女とも下位者に対して「間接依頼文」をあまり使用していない。「直接依頼文」の中で男女とも「テ形で言いさす文」を最も多く使用しており、男性、女性の使用数はそれぞれ 36 例、18 例である。下位者に対して依頼する場合、女性のみならず、男性も「テ形で言いさす文」を多く使用している。「テ形で言いさす文」のほか、男女とも「よろしく」「お願いします」などの「〈依頼する〉旨を明示的に述べる文」を多く使用している一方、上位者と同位者に多く使用する「命令形で終わる文」（「てください」）を下位者に対してあまり多く使わない傾向が見られる。「間接依頼文」は 14 例しか使われていないが、どのような場面に使われているのかを確認するため、以下に「肯定疑問文」と「否定疑問文」（「希望を述べるという形をとる文」の用例はない）の用例を示す。

**「肯定疑問文」**

(13) ごめん、**お願いしていい？**

賤ヶ岳先輩（女）→東山（女），第 8 回

(14) 来栖君さ、もし私が殴られそうな雰囲気になったら、動画撮って**くれる？**

来栖の教育係東山（女）→来栖（男），第 5 回

(15) あと EC サイトのフッターも修正しといたから、チェック**頼める？**

副部長種田（男）→吾妻（男），第 10 回

表6-7　下位者に使用する依頼表現

| | 女→女 | 女→男 | 女→複数 | 男→男 | 男→女 | 男→複数 |
|---|---|---|---|---|---|---|
| **直接依頼文（100）** 命令形で終わる文（3例＋7例） | 「てください」(3) | 0 | 0 | 「てくれよ」(1)「てください」(2)「お〜ください」(1) | 「てください」(3) | 0 |
| テ形で言いさす文（18例＋36例） | 「〜て（ね2/よ1)」(5)「〜て〜て」(1)「〜ないで」(2) | 「〜て（ね2)」(9)「〜てて」(1) | 0 | 「〜て（よ1)」(9) | 「〜ないで（ね1)」(5)「〜て〜て」(3)「〜て（よ1/ね1)」(18) | 「〜ないで」(1) |
| 〈依頼する〉旨を明示的に述べる文（9例＋27例） | 「お願い」(1)「よろしくね」(1)「お願いします」(1) | 「お願いします」(3)「よろしくね」(1)「お願い」(1)「頼むね」(1) | 0 | 「頼む（よ/ぞ)」(3)「頼んだ」(1)「よろしく頼みます」(1)「お願い」(1)「お願いします（よ1)」(2)「よろしくお願いしますよ」(1) | 「頼むね」(2)「よろしくお願いします」(1)「よろしく（ね4)」(5)「お願いします」(1) | 「よろしく（ね3)」(4)「よろしくメカドック」(1)「お願い」(1)「よろしくお願いします」(3) |

| | | | | | | | |
|---|---|---|---|---|---|---|---|
| 間接依頼文（14） | 肯定疑問文（4例＋7例） | 「お願いしてもいいですか」(1)「ててくれる?」(1)「お願いしていい?」(1) | 「てくれる?」(1) | 0 | 「～いい?」(1)「頼める?」(1) | 「頼める?」(1)「てくれる?」(1)「てもらっていい?」(1)「お願いできるかな?」(1)「お願いできますか」(1) | 0 |
| | 否定疑問文（0例＋3例） | 0 | 0 | 0 | 0 | 「てくれないかな?」(1)「てもらえないかな」(1) | 「てくれない?」(1) |
| | 希望を述べるという形をとる文（0例） | 0 | 0 | 0 | 0 | 0 | 0 |
| | 合計(114例) | 17 | 17 | 0 | 24 | 45 | 11 |

（16）賤ヶ岳さん、拡散元のアカウントに削除依頼のメッセージ**お願いできますか。**

　　　　　　　　　　　　　　副部長種田（男）→賤ヶ岳（女），第３回

「**否定疑問文**」

（17）賤ヶ岳さんを支え**てくれないかな？**

　　　　　　　　　　　　　　部長福永（男）→三谷（女），第２回

（18）納期まで定時を一時間後にずらし**てもらえないかな。**

　　　　　　　　　　　　　　部長福永（男）→東山（女），第９回

「**肯定疑問文**」は女性が女性に３例、男性に１例を使用している。男性

に対して例（14）の「てくれる？」の1例のみを使用しており、難しい
ことを依頼しているので、「間接依頼文」の「てくれる？」を使用したの
ではないかと考えられる。一方、男性が女性に7例、男性に3例使用し
ている。このように、女性が同性（女性）、男性が異性（女性）に「間接
依頼文」を多く使用する傾向が見られる。更に男性は例（17）の「てく
れないかな」、例（18）の「てもらえないかな」という敬意 (注4) のある「否
定疑問文」を女性のみに使用している。以上のことにより、女性が同性（女
性）、男性が異性（女性）に対してより敬意の高い依頼表現を使用してい
ると言えるのではないだろうか。また「間接依頼文」の11例の中に「て
くれる」「てもらえる」などの授受動詞に由来する表現は7例であり、「て
くれる」系5例、「てもらえる」系2例である。上位者と同位者に依頼す
る時と異なって、下位者に対して「てもらえる」系より「てくれる」系が
多く使用されている。

　一方、「頼む」（「頼みます」「頼んだ」を含め）は男性にしか多く使われ
ていない（女性が1例使用）。以下に例文を示す。

（19）分かった。**頼むね。**

　　　　　　　　　来栖の教育係東山（女）→来栖（男），第10回

（20）来栖君、**頼むぞ。**

　　　　　　　　　　　部長福永（男）→来栖（男），第5回

（21）わかりやすくなっていいな。それ、来栖、**頼んだ。**

　　　　　　　　　　副部長種田（男）→来栖（男），第9回

（22）とにかく穏便にて、**頼むね。**

　　　　　　　　　　　部長福永（男）→東山（女），第5回

（23）本当**頼むね。**

　　　　　　　　　　　部長福永（男）→桜宮（女），第5回

　以上の例（19）〜（23）のように、「頼む」は男性的な依頼表現と言え
るのではないだろうか。また、男性が男性に対して「頼むよ」「頼むぞ」
を使用するのに対して、女性に対して「頼むね」を使い分けている。「頼む」

142

のほか、「てくれ」「頼める？」という依頼表現も本章の調査では男性によってしか使用されていない。

## 6. 社内の同部署における依頼表現の使用傾向

２つのドラマの同部署における依頼表現の使用傾向を以下の表6-8にまとめる。

表6-8に示す通り、上位者、同位者より下位者に依頼する場合が多い。そのため、丁寧度の低い「直接依頼文」である「テ形で言いさす文」（88例）が最も多く使われる依頼表現形式となっている。また「直接依頼文」の用例数は「間接依頼文」の約５倍であり、これはビジネス場面で相手にはっ

表6-8　同部署における依頼表現の使用傾向

| | | 女 | | | 男 | | |
|---|---|---|---|---|---|---|---|
| | | 上位者 | 同位者 | 下位者 | 上位者 | 同位者 | 下位者 |
| 直接依頼文（223例） | 命令形で終わる文（70例） | 26 | 10 | 4 | 8 | 5 | 17 |
| | テ形で言いさす文（88例） | 1 | 10 | 24 | 2 | 2 | 49 |
| | 〈依頼する〉旨を明示的に述べる文（65例） | 13 | 4 | 10 | 2 | 3 | 33 |
| 間接依頼文（47例） | 肯定疑問文（31例） | 4 | 2 | 10 | 1 | 3 | 11 |
| | 否定疑問文（10例） | 6 | 0 | 0 | 0 | 0 | 4 |
| | 希望を述べるという形をとる文（6例） | 1 | 1 | 0 | 2 | 0 | 2 |
| | 合計（270例） | 51 | 27 | 48 | 15 | 13 | 116 |

きりと何かを伝えるのが重要であるためではないかと推測される。一方、「間接依頼文」について、「否定疑問文」より「肯定疑問文」が多く使われており、また「希望を述べるという形をとる文」があまり使われていない。これは茅（2023）の調査したビジネス小説における依頼表現の使用状況と大きく異なる (注5)。その違いの理由は、茅（2023）は社内の同部署だけでなく、他部署との会話も調査していることによるものではないかと推測される。

　そのため、「否定疑問文」より「肯定疑問文」が多く使われていること、また「希望を述べるという形をとる文」があまり使われていないことは社内の同部署における依頼表現の使用の特徴と言えるのではないと考えられる。

　相手との上下関係、話し手の性別、また聞き手の性別が依頼表現の使用に与える影響は以下の通りである。

## 6.1　上下関係による影響

　社内の同部署では上位者、同位者より下位者に依頼する場面が多い傾向が見られる。また男女とも上位者に対して「てください」、下位者に対して「テ形で言いさす文」を最も多く使用している。一方、上位者に対して男女とも「テ形で言いさす文」をあまり使用していない（3例）。「〜て」の使用について、小林（2003）では「〜て／〜ないで」は比較的女性に多く使われると指摘しているが、本章の調査では、男性は上位者と同位者に対してあまり使用しないが、下位者に対して「〜て／〜ないで」を多く使用している（下位者に対して男性が49例、女性が24例）。

　また、「間接依頼文」の47例の中、「肯定疑問文」の用例は最も多く、31例（66%）である。「肯定疑問文」の使用の内訳について、上位者には5例、同位者には5例、下位者には21例を使用しており、主に下位者に対して使用している（「てくれる？」「てもらえる？」などのような「普通体」で使用されている）。一方、「否定疑問文」は11例であり、上位者

に 7 例、下位者に 4 例使用している。上位者に使用する 7 例は全て「てもらえませんか」「てくれませんか」「ていただけないでしょうか」などのような「丁寧体」で使用されている。一方、下位者に使用する 4 例の中の 3 例は「てもらえない？」「てくれない？」のような「普通体」である。このように、「肯定疑問文」と「否定疑問文」の使用は上位者に「丁寧体」、下位者に「普通体」で使い分けている傾向が見られる。また「肯定疑問文」は主に「普通体」で下位者に、「否定疑問文」は主に「丁寧体」で上位者に多く使用していると言えよう。

授受動詞に由来する依頼表現について、「てくださる？」「てくださいますか」という「てくださる」系の用例は見られず、「てくれる」系は下位者に対してしか多く使用されず、上位者に対してあまり使われていない。一方、「てもらえる」系は上位者、同位者、下位者のいずれに対しても使用されており、「てもらう」系の使用が広がっている傾向が見られる。「ていただける」系は下位者に使用する用例は見られず、上位者と同位者に使用する用例が見られる。このように、どの授受動詞を使うかは相手の地位に影響を受けていると言ってよいと思われる。

## 6.2 話し手の性別による影響

上位者に対して男性より女性の方がより丁寧度の高い依頼表現を使用している傾向が見られる。下位者に対して女性が「〜て」、男性が「〜て」と「頼む」を多く使用している。同位者に依頼する場合、「〜て」の使用に男女差が見られ、女性が 10 例使用するのに対して、男性が 2 例しか使用していない。男性が同位者に対して、女性ほど「〜て」を多く使用していないと言える。

また女性が使わない「てくれ」「頼む」は男性によって使用され、これは男性的依頼表現であると言えるのではないだろうか。このように男女の言葉の接近が言われてはいるものの、ビジネスドラマにおける依頼表現の使用においては、男女差は依然としてある程度存在していると言えるので

はないかと考えられる。

## 6.3　聞き手の性別による影響

　下位者に対して「てください」の使用に聞き手の性別による違いが見られ、女性は男性の下位者に使用しておらず（「てください」より敬意の低い「～て」を多用）、女性の下位者に 4 例使用している。一方、男性は男性の下位者に 3 例しか使っていないが（「てください」より丁寧度の低い依頼表現を多用）、女性の下位者に 10 例使用している。このように下位者に対して男女とも男性より女性に「てください」をより多く使用している。下位者に対して男女とも「～て」を最も多く使用しており、「てください」は「～て」より比較的丁寧度が高いと思われる。そのため、女性が男性より同性（女性）、男性が男性より異性（女性）により丁寧度の高い依頼表現を使用していると言えるのではないかと考えられる。また「ていただける」系は下位者に使用しておらず、上位者と同位者に使用する用例が見られるが、全て女性が女性に対して使用されている。更に比較的丁寧度の高い「否定疑問文」は下位者に対しての用例は 4 例であり、4 例とも男性が女性に対して使用している。

　このように、女性が男性より同性（女性）、男性が男性より異性（女性）により丁寧度の高い依頼表現を使用していると言えよう。

## 7.　おわりに

　本章では職場の同部署に焦点を置き、相手との上下関係、話し手の性別、また聞き手の性別が依頼表現の使用にどのように影響を与えているのかを調査した。野呂 (2015) で指摘した「てもらってもいいですか」という「許可求め型依頼表現」は今回の調査では異性に対してしか使用されておらず (4 例とも)、「許可求め型依頼表現」は同性よりも異性に対してより多く使用されるかどうかは、今後更に検証する必要がある。また年齢や社内の声望が依頼表現の使用に影響を与える用例が見られるが、今回の調査では

このような例文が少ないため、年齢による影響も今後更に検討する必要がある。

注：

(1) 本章では放送されたドラマから依頼表現の例を書き起こしたものである。

(2) 相原（2008）の分類は Blum-Kulka ら（1989:18）を参考にしたものである。Blum-Kulka ら（1989）は、間接的な方略が習慣化されているか否かを基準にさらに下位分類しており（習慣化されていないものを「ヒント」と呼ぶ）、その点は異なる。

(3) 小林（2003）は現代日本語研究会（1997）、現代日本語研究会（2002）を調査している。

(4) 男性が下位者に対して、「〜て」を最も多く使用しており、「てくれないかな」「てもらえないかな」などの否定疑問文は「〜て」より比較的丁寧度が高いと思われる。

(5) 茅（2023）によれば、ビジネス小説の社内場面で「希望を述べるという形をとる文」は「命令形で終わる文」に次いで2番目に多く使用されている。また「肯定疑問文」より「否定疑問文」の用例数の方が遥かに多い。

# 第四部

「くださる」系・「いただく」系・「いただける」系の
実際の使用状況

# 第7章　ビジネス場面における依頼表現について
## ―企業で実際に用いられているメールを調査対象として―

### 1. はじめに

(1) お土産をいただきまして、ありがとうございます。

(2) お土産をくださいまして、ありがとうございます。

　このように、人から物をもらったり、厚意を受けたりした場面では「〜いただきまして」「〜くださいまして」という表現を用いることが非常に多い。金澤（2007）は、自然な話し言葉の資料における両者の使われ方の実態について調査を行っている。その中の2例を示す。

(3) まあ、一本の方もいらっしゃいますし、こう、セットで買ってくださる方もいます。

(4) ええ、そうなんですね。やっぱり、そういう、（泳ぎを）教えていただくスクールに入らないと…

(金澤 2007)

　金澤（2007）の調査の結果、話し言葉での「てくださる」と「ていただく」の両者が入り得る状況において、「ていただく」のほうがかなり高い割合で選択されていることが分かっている。以上の例とは異なる用法として、以下の2例を挙げる。

(5) 何卒、ご理解をいただきますようお願い申し上げます。

(6) 何卒、ご理解をくださいますようお願い申し上げます。

　誰に何かをお願いする場合、「いただきますよう」と「くださいますよう」の両方が使える。この用法は（1）と（2）の用法と違い、誰に何かをお

願いする場面で使われる。なお、以上の「くださいますよう」と「いただきますよう」の外に、「いただけますよう」「いただければ」「いただけませんか」「くださるよう」「いただくよう」「いただけるよう」などの依頼表現があり、ビジネス場面における依頼表現は豊富なバリエーションがある。本章では、誰かに何かをお願いする場合の依頼表現について、考察していきたい。方法として、実際に企業で用いられているメールを調査対象として依頼表現の実態を確認する。

## 2. これまでの研究

　金澤（2007）の調査によると、話し言葉での「てくださる」と「ていただく」の両者が入り得る状況において、「ていただく」のほうがかなり高い割合で選択されている。また北澤（2008）では，国会会議録では、「〜くださいますよう…」と「〜いただきますよう…」に関して、2000 年から 2007 年までの 7 年間ほぼ拮抗した状態が続いていることが指摘されている。10 年ほど経過した現在、「〜くださいますよう…」と「〜いただきますよう…」のどちらが好まれているのだろうか。

　筆者が勤務している企業では送信及び受信したメールの中に様々な依頼表現が使われている。「いただきますよう」と「くださいますよう」の他に、「いただけますよう」「いただければ」「いただけませんか」などがある。また、辞書体の「くださるよう」「いただくよう」「いただけるよう」も使われている。「〜くださいますよう…」と「〜いただきますよう…」について、北澤（2008）では指摘されたことと一致しているかどうか、また他の依頼表現がどのように使われているのかは興味深い。本章では上記のような依頼表現の実態を明らかにするために、ビジネスメールを対象としてビジネス場面における依頼表現を調査していく。

## 3. 依頼表現の使用状況

　ある企業 (注1) で実際に送受信されたメールを調査対象として依頼表現

の実態を確認する。調査期間は2020年1月1日から4月30日までの4ヶ月間である。対象としたのは送信と受信を含めた社外とのやり取りのメールである。個人情報の保護と企業の機密保持のため、人の名前や会社名などは一切記載しない。

## 3.1 調査結果

調査した結果を以下の表7-1にまとめる。

表7-1によると、「いただければ」の用例数が最も多かった。「いただければ」が「くださいますよう」と「いただきますよう」を超え、最も多く使われている依頼表現となっている。

また、「～くださいますよう…」と「～いただきますよう…」は、先行研究の結果と同様にほぼ拮抗した状態が続いている。しかし、「くださるよう」と「いただくよう」に関して、「いただくよう」はまだ使われているが、「くださるよう」は現在あまり使われていない。「いただけますよう」の用例数も少なくないが、「いただけるよう」と「いただけませんか」はあま

表7-1　依頼表現の使用状況

| 依頼表現 | 用例数 |
|---|---|
| くださいますよう | 128 |
| いただきますよう | 112 |
| いただけますよう | 30 |
| いただければ | 330 |
| いただけませんか | 4 |
| くださるよう | 2 |
| いただくよう | 16 |
| いただけるよう | 4 |
| 合計 | 626 |

り使われていない。「いただければ」の使用数が増えてきたことの原因について、相手に直接にお願いするのではなく、相手にやっていただければ、こちら側は嬉しい・幸いと思うなどのような婉曲的な依頼表現が日本人に好まれていることがあると考えられる。


## 3.2 例文

「くださいますよう」

(7)再入荷まで今しばらくお待ちくださいますようお願い申し上げます。

「いただきますよう」

(8) 故障部品は弊社宛までご返送いただきますようお願いいたします。

「いただけますよう」

(9) お忙しいところ恐縮ですが、是非ご協力いただけますようお願い申し上げます。

「いただければ」

(10) それぞれの設定を教えていただければと思っています。

「いただけませんか」

(11) 不良箇所がないかをチェックしていただけませんか？

「くださるよう」

(12) また、可動部と端の距離が近いため間に生成されるサポート材が取りにくいです。そのため、真ん中あたりに配置してくださるようお願いいたします。

「いただくよう」

(13) バージョンアップを行なっていただくようお願いします。

「いただけるよう」

(14) 講座開始５分前までには教室にお越しいただけるよう、お時間には余裕をもってご参加ください。

## 4. 前接する語

### 4.1 「くださいますよう」

「くださいますよう」の前に接続する語を表7-2に示す（合計128例）。表7-2に示す通り、「ご確認くださいますよう」「ご了承くださいますよう」「ご回答くださいますよう」が多く使われている。

また「くださいますよう」の前接語は主に以下の5つのパターンに分けられる(注2)。

表7-2 「くださいますよう」の前接語

| 項目 | 用例数 | 項目 | 用例数 |
|:---:|:---:|:---:|:---:|
| ご確認 | 42 | お戻し | 1 |
| ご了承 | 23 | 取り消して | 1 |
| ご回答　回答 | 14+2 | お越し | 1 |
| ご留意 | 6 | 表示して | 1 |
| 行って | 6 | ご覧 | 1 |
| ご提示 | 5 | ご査収 | 1 |
| お手続き | 4 | ご協力 | 1 |
| お待ち | 3 | ご依頼 | 1 |
| ご検討 | 3 | 受領 | 1 |
| ご連絡 | 2 | ご遠慮 | 1 |
| ご返送 | 2 | ご返却 | 1 |
| お控え | 2 | ご理解 | 1 |
| お試し | 1 | 送信して | 1 |

154

　①ご＋名詞：ご確認・ご了承・ご検討・ご返送……（104例）

　②お＋名詞：お手続き（4例）

　③お＋動詞ます形：お越し・お待ち・お控え・お試し……（8例）

　④テ形：行って・取り消して・表示して・送信して（9例）

　⑤名詞：回答・受領（3例）

　パターン①の「ご＋名詞」の用例が圧倒的に多く、またパターン①「ご＋名詞」、パターン②「お＋名詞」、パターン③「お＋動詞ます形」はパターン④の「テ形」に置き換えられるが、パターン①「ご＋名詞」、パターン②「お＋名詞」、パターン③「お＋動詞ます形」のほうが好まれている。「行って」の用例は6例ある。「行う」の場合、パターン③の「お＋動詞ます形」より「テ形」の「行って」のほうが多く使われる。「お｜おこなう」となると「お」が重なるため、「行って」のほうが好まれているのであろう。なお、そうなると「お」から始まる動詞の場合、すべてパターン④の「テ形」になるかどうかが疑問として残る。

## 4.2　「いただきますよう」

　「いただきますよう」の前接語を次ページの表7-3に示す（合計112例）。

　表7-3によると、「ご確認いただきますよう」「ご提示いただきますよう」「ご返送いただきますよう」「お問い合わせいただきますよう」の用例数が多い。「くださいますよう」と「いただきますよう」のいずれも「ご確認」の用例数が最も多い。また「いただきますよう」の前接語は主に以下の6つのパターンに分けられる。

　①ご＋名詞：ご確認・ご提示・ご返送・ご了承……（55例）

　②お＋動詞ます形：お待ち・お戻し・お送り・お買い求め……（11例）

　③テ形：行って・確認して・取得して・明記して……（17例）

　④名詞：送信・破棄・作成・選択……（15例）

　⑤お＋名詞：お問い合わせ・お知らせ（8例）

　⑥……を：ご理解とご協力を・お見積もりを・ご回答を（6例）

## 表7-3 「いただきますよう」の前接語

| 項目 | 用例数 | 項目 | 用例数 |
|---|---|---|---|
| ご確認＋確認して | 11＋2 | ご理解 | 2 |
| ご提示 | 11 | ご説明 | 2 |
| ご返送 | 7 | して | 2 |
| お問い合わせ | 7 | 破棄 | 2 |
| 行って | 4 | 愛顧＋ご愛顧 | 1＋1 |
| お待ち | 4 | 1例（以下） | |
| 送付＋ご送付 | 3＋1 | 取りやめて | ご検討 |
| 送信 | 3 | やり直して | ご教示 |
| 取得して | 3 | 選択 | お買い求め |
| お戻し | 3 | ご参加 | ご記載 |
| ご理解とご協力を | 3 | ご同封 | ダウンロード |
| ご了承 | 3 | 出荷して | ご協力 |
| ご使用 | 3 | 共有 | ご記入 |
| お見積もりを | 2 | ご活用 | ご購入 |
| お送り | 2 | 講じて | ご対応 |
| 明記して | 2 | ご回答を | お試し |
| 作成 | 2 | お知らせ | ご指定 |
| ご入力 | 2 | ご容赦 | 追記 |

パターン①の「ご＋名詞」の用例数が55例あり、「ご＋名詞いただきますよう」が最も多く使われていることが明らかになった。パターン③の「て＋いただきますよう」とパターン④の「名詞＋いただきますよう」の用例数も少なくなかったことは「くださいますよう」と異なる点である。またパターン⑥の「……を」の用法は「くださいますよう」には見られなかった用法である。パターン①の「ご＋名詞」、パターン⑤の「お＋名詞」と比べると、パターン⑥の「……を」は後に「を」が追加された形式である。また「ご理解とご協力を」のように、名詞が2つ以上を同時に使う場合、「を」があったほうが自然なのではないかと考えられる。しかし、「ご回答を」の場合、「を」を追加することによって、どんなニュアンスが加わるのであろうか。この点については「ご回答」を強調するニュアンスがあるのではないかと考えられる。さらに「お送り」について、「お＋おこなう」は「お」が重なるため、「行って」のほうが好まれていると4.1で述べたが、「おくる」の場合、「お＋おくり」も使われている。

## 4.3 「いただけますよう」

　「いただけますよう」の前接語を表7-4に示す（合計30例）。

　表7-4に示す通り、「いただけますよう」の用例数は多くない。「ご利用いただけますよう」「ご提供いただけますよう」「ご協力いただけます」「ご了承いただけますよう」などが使われている。

　また「いただけますよう」の前接語は主に以下の5つのパターンに分けられる。

　　①ご＋名詞：ご利用・ご提供……（20例）

　　②お / ご＋動詞ます形：ご承知おき・お待ち……（3例）

　　③テ形：行って・取り消して・表示して・送信して（3例）

　　④お＋名詞：お知らせ（2例）

　　⑤名詞：回答・受領（2例）

　パターン①の「ご＋名詞いただけますよう」が最も多く使われている。

第 7 章　ビジネス場面における依頼表現について　　157

表 7-4　「いただけますよう」の前接語

| 項目 | 用例数 | 項目 | 用例数 |
|---|---|---|---|
| ご利用 | 4 | ログイン | 1 |
| ご提供 | 3 | 進めて | 1 |
| ご協力 | 3 | 照合 | 1 |
| ご了承 | 3 | ご愛顧 | 1 |
| ご承知おき | 2 | ご出品 | 1 |
| お知らせ | 2 | ご用意 | 1 |
| して | 2 | ご査収 | 1 |
| ご回答 | 2 | ご確認 | 1 |
| お待ち | 1 | | |

他の 4 つのパターンの用例数は少ない。

### 4.4　「いただければ」

　「いただければ」の前接語（2 例以上）を次ページの表 7-5 に示す（合計 244 例）。

　8 つの依頼表現の中で「いただければ」の用例数が最も多い。表 7-5 に示す通り、「ご検討」が最も多く使われている。その他、「ご連絡」「教えて」「ご覧」「お知らせ」「進めて」「お送り」などの用例数も多い。1 例の前接語を表 7-6 に挙げる（合計 86 例）。

　表 7-6 で示す 1 例のみ得られた前接語の用例数は 86 例である。また「いただければ」の前接語は主に以下の 6 つのパターンに分けられる。

　　①ご＋名詞：ご検討・ご連絡・ご覧……（134 例）
　　②お＋動詞ます形：お送り・お試し・お戻し……（48 例）

表 7-5 「いただければ」の前接語

| 項目 | 用例数 | 項目 | 用例数 |
|---|---|---|---|
| ご検討 | 26 | お問い合わせ番号 | 3 |
| ご連絡 | 18 | ご説明の機会を | 3 |
| 教えて | 13 | ご送付 | 3 |
| ご覧 | 12 | ご協力 | 3 |
| お知らせ | 9 | 受注 | 3 |
| 進めて | 9 | 活用して | 3 |
| お送り | 9 | ご手配 | 2 |
| ご確認 | 8 | お読み | 2 |
| ご連絡を | 7 | 印刷して | 2 |
| ご教示 | 6 | お見積もりを | 2 |
| 設定して | 6 | ご記載 | 2 |
| 返信して | 6 | お聞かせ | 2 |
| ご提示 | 5 | ご了承 | 2 |
| 控えて | 5 | ご参加 | 2 |
| ご返送 | 4 | 選択 | 2 |
| 発送 | 4 | ご判断 | 2 |
| お試し | 4 | 学んで | 2 |
| 確認させて | 4 | 拝見させて | 2 |
| ご教授 | 4 | ご相談 | 2 |
| ご返信 | 4 | お教え | 2 |
| お待ち | 4 | 行って | 2 |
| お問い合わせ | 4 | ご記入 | 2 |
| ご指導 | 3 | ご注文 | 2 |
| ご確認、ご返信 | 3 | お申し込み | 2 |
| お戻し | 3 | 送って | 2 |
| 確認 | 3 | ご紹介させて | 2 |
| ご送付 | 3 | | |

第7章　ビジネス場面における依頼表現について　　159

表7-6　前接語

ご画像を、お申し付け、おまかせ、ご提案をさせて、ご興味、お時間、含んで、使って、ご確認ご連絡、おっしゃって、アドバイスさせて、ご手配、使わせて、お支払い、取って、返送、ご使用、ご記入、喜んで、使って、配信して、随時発行、ご検討、診させて、ご一報、ご説明の機会を、詳細なご指定を、ご提示を、見させて、記載、調整して、送って、ご確認して、確認して、見積書を、お伝え、見て、破棄、伺わせて、申し出て、対応させて、進めさせて、お持ち、ご紹介、お越し、掲載して、ご質問、お話、送付、ご対応させて、継続させて、引かせて、ご対応、ご利用、ご来場、検証、作成して、ご指定、アップロード、みて、ご案内をさせて、ご参考、情報を、情報、刻印して、貢献させて、ご注文して、お手続き、メール、メールを、交換して、ご活用、ご回答、ご案内させて、ご意見を、申請、変えて、出荷して、参考、注意喚起、上げて、受注とさせて、修正して、記入して、登録、サポートをさせて

　③テ形：教えて・進めて・設定して……（98例）
　④お＋名詞：お問い合わせ番号・お時間・お話（5例）
　⑤名詞：発送・確認・受注……（25例）
　⑥……を：ご連絡を・ご説明の機会を・お見積もりを……（20例）
　パターン①の「ご＋名詞いただければ」の用例数が134例あり、最も多く使われている。次に用例数の多いのはパターン③の「テ形＋いただければ」である。これは「くださいますよう」や「いただけますよう」と異なる点であり、「ていただければ」が好まれている。また、「ご＋名詞いただければ」は好まれるが、「お＋名詞いただければ」はあまり使われていない。「〜をいただければ」の用例数も少なくない。これは「くださいますよう」「いただきますよう」「いただけますよう」と異なる点である。

## 4.5　「いただけませんか」

　「いただけませんか」の用例数は4例あり、全て受信メールである。そ

160

の中の 3 例はクレーム関連である。4 例は 2 つのパターンに分けられる。

　　①テ形：教えて・チェックして・止めて　（合計 3 例）

　　②……を：サンプルデータを　（合計 1 例）

「いただけませんか」はあまり使われていないことが明らかになった。

サンプル数が少ない中で少し不満がある顧客によって使われ、主に「ていただけませんか」の形で使われている。

## 4.6　「くださるよう」

「くださるよう」の用例は 2 例である。前接語は 2 例とも「配置して」である。「くださるよう」はビジネスメールではあまり使われていないと言える。

## 4.7　「いただくよう」

「いただくよう」の前接語を表 7-7 に示す（合計 16 例）。

また「いただくよう」の前接語は主に以下の 5 つのパターンに分けられる。

　　①ご＋名詞：ご確認・ご記入・ご連絡　（4 例）

　　②お＋名詞：お知らせ・お問い合わせ　（2 例）

表 7-7　「いただくよう」の前接語

| 項目 | 用例数 | 項目 | 用例数 |
|---|---|---|---|
| 行って | 4 | ご記入 | 1 |
| ご確認 | 2 | 出荷 | 1 |
| お知らせ | 1 | 送付 | 1 |
| お問い合わせ | 1 | ご連絡 | 1 |
| 印刷して | 1 | お試し | 1 |
| 回して | 1 | 合わせて | 1 |

③お＋動詞ます形：お試し（1例）

④テ形：行って・印刷して・回して……（7例）

⑤名詞：出荷・送付（2例）

「いただくよう」の用例数は16例であり、「くださるよう」より多い。「ていただくよう」は7例であり、主な形として使われている。「〜をいただくよう」の用例数は見られない。


## 4.8 「いただけるよう」

「いただけるよう」の用例は4例であり、前接語は4つのパターンに分けられる。

①ご＋名詞：ご関心（1例）

②お＋動詞ます形：お越し（1例）

③テ形：刻印をして（1例）

④……を：見積・納品・請求書の三つを（1例）

このように、ビジネスメールでは「いただけるよう」はあまり使われていない。


## 5．おわりに

本章ではある企業で実際に用いられているメールを調査対象として8つの依頼表現の使用状況を確認した。「いただければ」の用例数は最も多く、「くださいますよう」と「いただきますよう」を超え、最も多く使われている依頼表現となっている。また、「くださいますよう」と「いただきますよう」は先行研究の結果と同様にほぼ拮抗した状態が続いている。しかし、「くださるよう」と「いただくよう」に関して、「いただくよう」はまだ使われているが、「くださるよう」は現在あまり使われていない。「いただけますよう」の用例数も少なくないが、「いただけるよう」と「いただけませんか」はあまり使われていないことが明らかになった。

前接語について、用例数の多い「いただきますよう」「くださいますよう」

「いただけますよう」「いただければ」は「ご＋名詞」の用例数が最も多い。「いただきますよう」「くださいますよう」「いただけますよう」「いただければ」において「ご＋名詞」が主な形として使われていると言える。一方、「いただけませんか」「くださるよう」「いただくよう」は「テ形」の用例数が最も多い。

「いただければ」について、「ご＋名詞」の次に、「テ形」の用例数は98例であり、「テ形」も多く使われている。また「～を」の用例数も少なくない。これは「いただければ」の特徴であると言える。

性別、年齢、上下・親疎関係などは依頼表現の選択にどのように影響を与えているのかは今後の課題である。

注：

(1) 筆者が勤めている会社である。

(2) 分類は『大辞林第3版』を参考にしたものである。

# 第8章 「くださる」「いただく」「いただける」「賜る」について

## 1. はじめに

「くださる」の使用が減り、「いただく」の使用が広がっているとしばしば指摘されている。北澤（2008）は 2000 年から 2007 年までの 7 年間の「国会会議録」を調査し、「いただきますよう」が「くださいますよう」とほぼ同等か同等以上に頻繁に使用されていると述べている。塩田・山下（2013）は「くださいますよう」が比較的高年齢層に多く選ばれているのに対し、「いただけますよう」は若い年代に多いことから、「くださいますよう」が保守的な形、「いただけますよう」が新興の形であると指摘している。

言葉は常に変化しているといわれるが、近年における「くださる」「いただく」「いただける」の使用状況はどうなっているのであろう。また最近「賜る」もよく見かけるため、「くださる」「いただく」「いただける」「賜る」の使用状況を確認したい。更に、2000 年前後から現在に至るまで、これらの表現の使用に変化があるのかも調査したい。

## 2. 調査方法

みずほ銀行とりそな銀行のホームページの「お知らせ」から年代別に「くださるよう」「くださいますよう」「いただくよう」「いただきますよう」「いただけるよう」「いただけますよう」「賜るよう」「賜りますよう」を抽出して分類する。後接する動詞は「お願いします」「お願いいたします」「お

願い申し上げます」を含む。調査対象は 2006 年 1 月 1 日から 2023 年 2 月 28 日までの「お知らせ」である。みずほ銀行は 195 件、りそな銀行は 364 件である。

## 3. 「くださる」「いただく」「いただける」「賜る」の使用状況

　「くださる」「いただく」「いただける」「賜る」の使用状況を表 8-1 に示す。用例の合計は 217 例である。「くださるよう」「いただけるよう」「賜るよう」の用例が見られず、「いただくよう」が 9 例あることから、普通形があまり使われておらず、丁寧体が多く使われていると言える。そのうち、「いただけますよう」という丁寧形の用例も少ないが、理由は後述する。

（1）お客さまには何かとご不便をおかけしますが、<u>ご理解を賜りますよ</u><u>うお願い申しあげます。</u>

　　　　　（店舗統合・移転のお知らせ，みずほ銀行，2022 年 9 月 8 日）

（2）みずほ銀行役職員一同、お客さまのお役に立てますよう努力する所存でございますので、<u>ご支援ご愛顧を賜りますよう、よろしくお願い</u><u>申しあげます。</u>

　　　（カードローン規定の変更について，みずほ銀行，2019 年 8 月 1 日）

表 8-1　「くださる」「いただく」「いただける」「賜る」の使用状況

| | 2006 | 2007 | 2008 | 2009 | 2010 | 2011 | 2012 | 2013 | 2014 | 2015 | 2016 | 2017 | 2018 | 2019 | 2020 | 2021 | 2022 | 2023 | 合計 |
|---|---|---|---|---|---|---|---|---|---|---|---|---|---|---|---|---|---|---|---|
| くださいますよう | 0 | 2 | 0 | 1 | 0 | 3 | 2 | 0 | 0 | 1 | 1 | 2 | 2 | 2 | 1 | 1 | 3 | 1 | 22 |
| いただきますよう | 1 | 0 | 0 | 1 | 0 | 1 | 0 | 0 | 5 | 3 | 7 | 8 | 8 | 13 | 6 | 12 | 10 | 2 | 77 |
| いただくよう | 0 | 0 | 0 | 0 | 0 | 1 | 0 | 0 | 0 | 0 | 1 | 0 | 2 | 5 | 0 | 0 | 0 | 0 | 9 |
| いただけますよう | 0 | 0 | 0 | 0 | 0 | 0 | 0 | 0 | 0 | 0 | 0 | 0 | 0 | 0 | 1 | 0 | 1 | 0 | 2 |
| 賜りますよう | 1 | 0 | 1 | 0 | 0 | 1 | 1 | 0 | 2 | 0 | 2 | 1 | 7 | 12 | 24 | 24 | 25 | 6 | 107 |
| 合計 | 2 | 2 | 1 | 2 | 0 | 6 | 3 | 0 | 7 | 4 | 11 | 11 | 19 | 32 | 32 | 37 | 39 | 9 | 217 |

第8章 「くださる」「いただく」「いただける」「賜る」について　　165

（3）ご不便をお掛けしますが、何卒<u>ご理解賜りますようお願い申し上げ</u>
　　<u>ます</u>。

　　　　（システムメンテナンスに伴う来店予約サービスの一時利用停止に
　　　　　　ついて，りそな銀行，2023 年 2 月 3 日）

（4）日頃よりご利用いただいているお客さまには、ご迷惑をおかけ致し
　　ますが、今後もより一層サービスの向上に努めて参りますので、<u>ご理</u>
　　<u>解賜りますようお願い申し上げます</u>。

　　　　（キャッシュカードによるペイジー払込限度額変更のお知らせ，り
　　　　　　そな銀行，2021 年 10 月 15 日）

　例（1）（3）（4）は客に迷惑や不便をかけた時に使われ、例（2）は今
後の取引を求める時に使われている。このように、「賜りますよう」の前
に「ご理解」「ご愛顧」などの言葉が使われやすい。

　また以上の例のように、「賜りますよう」は「お願いします」「お願いい
たします」と一緒に使われにくく、「お願い申し上げます」と使われやす
い傾向が見られる。「賜りますよう」に次いで、「いただきますよう」は 77 例、
「くださいますよう」は 22 例である。以下に例文を示す。

**「いただきますよう」**

（5）Web 化の対応により、当社のホームページで最新の規定がご確認
　　いただけるようになることから、誠に勝手ではございますが、当社窓
　　口でお配りしていた「投資商品約款・規定集（投資信託・公共債）」
　　の配布を終了いたしますので、何卒、<u>ご理解いただきますようお願い</u>
　　<u>いたします</u>。

　　　　（投資信託・公共債の取引規定等の Web 化のお知らせ，りそな銀行，
　　　　　　　　　　　　　　　　　　　　　　　2021 年 11 月 15 日）

（6）お客さまにおかれましてはご不便をおかけしますが、何卒<u>ご理解を</u>
　　<u>いただきますようお願い申し上げます</u>。

　　　　（投資信託の取引報告書・譲渡損益のお知らせの郵送停止について，
　　　　　　　　　　　　　　　　　　　りそな銀行，2022 年 5 月 31 日）

166

「くださいますよう」

(7) お客さまにはご不便をおかけする場合もあるかと存じますが、何卒
ご理解くださいますようお願い申しあげます。

(法令改正に伴う 10 万円を超える現金でのお振込のお取扱について
のご注意，みずほ銀行，2007 年 8 月 31 日)

(8) 同社公表によりますと、カード利用者のカード番号・有効期限（氏名・
電話番号・住所・メールアドレスが含まれる場合があります。）等が
流出した可能性があることから、みずほ JCB デビットをご利用され
ているお客さまにおかれましても、「MyJCB（マイジェーシービー）」
(https://my.jcb.co.jp/Login) のご利用明細をご確認いただき、万が一、
身に覚えのない利用が含まれていた場合には、以下のコールセンター
までお問い合わせくださいますようお願いいたします。

(決済代行会社「メタップスペイメント」におけるお客さま情報
流出について，みずほ銀行，2022 年 3 月 2 日)

例 (5) ～ (8) のように、「くださいますよう」と「いただきますよう」
が先行する場合、「お願いいたします」「お願い申し上げます」のいずれも
使われやすい傾向が見られる。例 (6) と例 (7) は客に迷惑を掛けた時
に使用しており、例 (6) は「ご理解をいただきますようお願い申し上げ
ます」、例 (7) は「ご理解くださいますようお願い申し上げます」であり、
このように両者が置き換えられる場合が多い。一方、「いただくよう」(9 例)
と「いただけますよう」(2 例) の用例は少ない。以下に「いただくよう」
の例文を示す。

(9) その際は、お手数ですが、公共料金やクレジットカード代金等のお
支払い先にご連絡いただき、お支払方法についてご相談いただくよう
お願い申しあげます。

(普通預金と一体型の「カードローン」をご利用のお客さまへ，み
ずほ銀行，2011 年 11 月 18 日)

(10) 弊社ホームページにおける「住宅ローン事前審査申込サービス」は、

システムの臨時メンテナンス実施により、以下の一部の時間帯でご利用いただけません。メンテナンス終了後、あらためて<u>お申込みいただくようお願い申し上げます。</u> ご不便をおかけいたしますが、何卒ご理解賜りますようお願い申し上げます。

（システムメンテナンスに伴う「住宅ローン事前審査申込サービス」の一時停止について，りそな銀行，2016 年 10 月 14 日）

(11)　みずほ銀行から「お取引目的等のご確認のお願い」を受領されたお客さまは、案内文に記載の〈ご提出期限〉内に<u>ご対応いただくようお願いいたします。</u>

（「マネー・ローンダリング及びテロ資金供与対策に関するガイドライン」に伴う，みずほ銀行の対応方針，みずほ銀行，2019 年 6 月 28 日）

　例（9）と例（10）は「いただくよう」の後に、「お願い申し上げます」が使われる用例であり、例（11）は「お願いいたします」が使われる用例である。「賜りますよう」の前に使われる「ご理解」「ご愛顧」という恩恵を表す用語と異なって、具体的な動作を表す「ご相談」「お申し込み」「ご対応」が「いただくよう」の前に使われている。2011 年に「いただくよう」の用例が見られ始めたが、その後の増加が目立たない。特に 2020 年以降は使われていない。一方、丁寧形の「いただきますよう」の増加が目立つ。「いただきますよう」は 2013 年までにあまり使われていなかったが、2014 年から徐々に増加する傾向が見られる。普通形の「いただくよう」より「いただきますよう」の丁寧度が高いため、「いただくよう」があまり使われておらず、「いただきますよう」のほうが多く使われているのであろう。これは銀行ホームページでは丁寧度の高い依頼表現を使用する傾向を示すと言えよう。

　「いただける」系について、「いただけるよう」の用例が見られず、「いただけますよう」の用例が 2020 年に見られ始め、これは塩田・山下（2013）、野呂（2015）の「いただけますよう」が新興の形であるという指摘を裏付けている。以下の例（12）と例（13）のように、「いただけますよう

お願いいたします」の2例とも将来の取引を望む場合に使用されている。この2例はそれぞれ2020年と2022年の用例である。

(12) 親権者さまの想いのバトンをお子さまに渡していただき、これからも引き続きお取引いただけますようお願いいたします。

（投資信託（ジュニアNISA含む）・公共債の未成年者口座をお持ちのお客さまへ，りそな銀行，2022年3月9日）

(13) ご不便をお掛けいたしますが、より安心・安全なサービスを提供してまいりますので、今後ともご愛顧いただけますようよろしくお願いいたします。

（りそなウォレットアプリのセキュリティ対策に関するお知らせ，りそな銀行，2020年9月29日）

以下に用例数の多い表現形式の使用状況を年代別に見ていく。

図8-1により、以下の傾向が認められる。

(1) 2017年までに「賜りますよう」があまり使われていなかったが、2017年以降、急増しており、2020年以降「くださいますよう」と「いただきますよう」を超え、最も多く使われるようになっている。客に高い敬意を示すために、丁寧度の高い「賜りますよう」が好まれているようになっているのではないかと考えられる。

(2) 2013年までに3つの表現のいずれも用例数が少ないが、全体的に「いただきますよう」と「賜りますよう」より、「くださいますよう」の用例数が多い。2013年以降、「いただきますよう」は「くださいますよう」を超え、その後も徐々に増加する傾向が見られる。2013年以降から2019年まで、「いただきますよう」の用例数が最も多い。「くださいますよう」より「いただきますよう」が広がる理由について、北澤（2008）では、「～いただく」は依頼に対する受諾と行為という二重の恩恵を受けるという意味があり、「～くださる」より高い敬意が感じられるとし、また、「～いただく」の方が、動作主を明示しない分だけ、間接的で婉曲な表現であると指摘している。

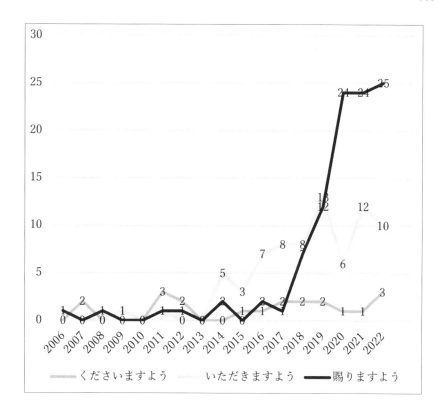

図 8-1 「くださる」「いただく」「賜る」の使用状況

(3) 2020 年以降は、「賜りますよう」は「いただきますよう」を超え、用例数が遥かに多い。

以上のことから、これらの丁寧度の高い表現の合計数が増加していること、また最も多く使われる表現は「くださいますよう」から「いただきますよう」、さらに「いただきますよう」から「賜りますよう」に変わっていくことは、現代日本のビジネス社会で徐々に敬意の高い表現に切り替えられていくことを意味しているのではないかと考えられる。

## 4. おわりに

　本章では銀行ホームページの「お知らせ」から年代別に「くださるよう」「くださいますよう」「いただくよう」「いただきますよう」「いただけるよう」「いただけますよう」「賜るよう」「賜りますよう」を抽出して考察を行った。「くださる」「いただく」「いただける」「賜る」について、いずれも普通形より丁寧形のほうが多く使われていることから、調査した銀行ホームページにおいて丁寧度の高い依頼表現のほうが好まれていると言えよう。

　また、これらの銀行ホームページでは最も多く使われる依頼表現は年代と共に変わっている。2013 年以降、「いただきますよう」が「くださいますよう」に代わり、2020 年以降、「賜りますよう」が「いただきますよう」に代わって最も多く用いられている。このように、現代日本のビジネス社会で必要とされる敬語表現は丁寧度の高いものへ変わりつつあると言って良いと思われる。新興の形であると指摘されている「いただける」系が本章の調査では 2 例しか使われていないが、今後は増加すると推測される。また「いただける」系がどのような場面で使われやすいのかについてはなお疑問として残っており、今後の課題とする。

### 調査資料

https://www.mizuhobank.co.jp/retail/index.html　（最終閲覧日：2023 年 7 月 20 日）

https://www.resonabank.co.jp/　（最終閲覧日：2023 年 7 月 20 日）

# 第9章　ビジネス場面における依頼表現
## －中国語母語話者と日本語母語話者とを比較して－

## 1.　はじめに

　依頼表現に関する研究は高村（2014）、安本（2009）、孫（2012）、相原（2015）などがあり、高村（2014）では日本語における依頼表現について、性別による違いと依頼内容の負担度による違いのそれぞれについて調査分析している。安本（2009）では依頼表現スタイルの日中対照研究を行っている。孫（2012）では、授受行為の与え手と受け手の上下関係、心理的距離と相手に与える負担度の度合いの3つの要素から中国人学習者による「てもらう／ていただく」と「てくれる／てくださる」の使用実態を日本語母語話者のデータと比較し考察している。相原（2015）では文のタイプ、受益表現のタイプ、敬語の使用、自由侵害を認める表現の使用の4つの面から、相手との親しさ（親・疎の2段階）と相手の地位（同・やや上・上の3段階）が依頼表現の使用にどのように影響を与えているのかについて日中対照研究を行っている。これらの先行研究の調査対象者は学生であり、またアンケートの場面は相原（2015）の「写真を撮ってもらう」というような生活場面、孫（2012）で調査している学校場面は多いが、社会人のビジネス場面における依頼表現を対象とする調査は少ない。

　そこで、本章では先行研究を踏まえながら、中国語母語話者と日本語母語話者とを比較してビジネス場面における依頼表現の使用状況を確認して、ビジネス場面における依頼表現の使用に、上下関係、負担の度合い、あるいはジェンダーが影響を与えているかどうか、また社内、社外では依

172

頼表現の使用の違いがあるかどうかを明らかにすることを目的とする。

## 2. 調査の概要

　2018 年 11 月 1 日から 2018 年 11 月 10 日まで、社会人の中国語母語話者 29 人と日本語母語話者 29 人、合計 58 人を対象としてアンケート調査を行った。その内、女性は 30 人（中国語母語話者 18 人、日本語母語話者 12 人）、男性は 28 人（中国語母語話者 11 人、日本語母語話者 17 人）である。調査協力者は主に 20 代、30 代の社会人である。話者情報として、国籍、性別、役職と年齢を記入してもらった。設問は社内に関する設問が 6 問、社外に関する設問が 2 問の合計 8 問である。回答形式について、依頼場面を設定し、「くださる」系、「いただく」系と「いただける」系に関する 8 つの選択肢と「その他」合計 9 つの選択肢を設け、調査協力者が一番ふさわしいと思う答えを選んでもらった。「その他」を選んだ場合はその内容を自由に記入してもらった。本章では必要に応じて、6 問を取り上げ、分析を行う。会社内では親疎関係の判断が難しいため、本章では相手との親疎関係の「疎」のみに重点を置き、分析を行う。

## 3. 社内における依頼表現の使用状況

　日本語母語話者と中国語母語話者の社内における依頼表現についての回答は以下の通りである。

### 質問 1（親疎関係：疎　　上下関係：同　　負担度の度合い：軽）

　暑くて、窓側に座っている親しくない同僚佐々木さんに窓を開けてもらう場合。

　　発話：佐々木さん、窓を開けて（　　　）

　親しくない地位が「同」の同僚に対し、負担度の小さいことを依頼する時に中国語母語話者と日本語母語話者は男女問わず「いただけませんか」を最も多く使用している。特に日本語母語話者の 76％の人は「いただけ

表 9-1　日本語母語話者の使った依頼表現

| 回答　　　　　人数 | 男性話者 | 女性話者 | 合計 |
|---|---|---|---|
| (A) (注1) いただけませんか | 12 | 10 | 22 |
| (B) くれませんか | 2 | 0 | 2 |
| (B) もらっていい？ | 1 | 0 | 1 |
| (A) くださいますようお願いいたします | 1 | 0 | 1 |
| (B) もらえますか | 1 | 0 | 1 |
| (B) くださると助かります | 0 | 1 | 1 |
| (B) もらってもいいですか | 0 | 1 | 1 |

表 9-2　中国語母語話者の使った依頼表現

| 回答　　　　　人数 | 男性話者 | 女性話者 | 合計 |
|---|---|---|---|
| (A) いただけませんか | 5 | 10 | 15 |
| (A) くださいますようお願いいたします | 2 | 1 | 3 |
| (A) いただければ幸いです | 1 | 1 | 2 |
| (B) くださいませんか | 1 | 1 | 2 |
| (A) くださるようお願いいたします | 1 | 0 | 1 |
| (A) いただくようお願いいたします | 1 | 0 | 1 |
| (B) くれませんか | 0 | 1 | 1 |
| (B) ください | 0 | 1 | 1 |
| (B) くれても大丈夫ですか | 0 | 1 | 1 |

ませんか」を使用している。「てくれる」系と「てもらう」系について、日本語母語話者は「てくれる」系、「てくださる」系と「てもらう」系を使っている一方、中国語母語話者は「てくれる」系と「てくださる」系しか使っていない。男女別に見ると、日本語母語話者には男女差があまり見られず、

174

反対に、中国語母語話者に男女差が見られる。表9-2に示した通り、中国語母語男性話者は丁寧度の高い依頼表現「くださるようお願いいたします」「いただくようお願いいたします」を使用しているが、中国語母語女性話者は「てください」「てくれませんか」を使用している (注2)。質問1では中国語母語話者は女性より男性の方がより丁寧な表現を使用している傾向が見られる。

**質問2（親疎関係：疎　　上下関係：同　　負担度の度合い：重）**

　仕事中、気分が悪くなり、早く帰りたい。まだ終わっていない仕事を親しくない同僚の林さんに頼まなければならない。

　　発話：林さん、まだ終わってない仕事をやって（　　　）

　親しくない地位が「同」の同僚に負担の大きいことを依頼する時に、日本語母語話者と中国語母語話者は男女問わず「いただけませんか」を最も多く使っている。中国語母語話者は「いただけませんか」の次に、「いただきますよう」を6件使っている。一方、日本語母語話者は「いただけますよう」と「くださいますよう」を使う人はいるが、「いただきますよう」を使う人はいない。また中国語母語話者には「くださいますよう」「いただきますよう」「いただけますよう」などのような「……ようお願いいたします」を使う回答が14件見られ、およそ半分を占めている。一方、日本語母語話者には「……ようお願いいたします」の回答が3件しか見られない。

　「てもらう」系と「てくれる」系について、日本語母語話者と中国語母語話者は「てくれる」系を使わず、「てもらう」を使う人は日本語母語男性話者2人と中国語母語女性話者2人である。日本語母語話者は負担度の軽では「いただけますようお願いいたします」「いただけるようお願いいたします」などのような丁寧度の高い表現をあまり使用しないが、負担度が軽から重になるにつれて、これらの表現の使用が見られるようになる。また「……ですか」を「……でしょうか」にする傾向も見られる。

第 9 章　ビジネス場面における依頼表現　　175

表 9-3　日本語母語話者の使った依頼表現

| 回答　　　　　　　　　人数 | 男性話者 | 女性話者 | 合計 |
|---|---|---|---|
| (A) いただけませんか | 9 | 6 | 15 |
| (A) いただければ幸いです | 3 | 2 | 5 |
| (B) いただけませんでしょうか | 1 | 1 | 2 |
| (B) もらえると助かりますが、お願いしてもよろしいでしょうか | 1 | 0 | 1 |
| (B) もらっても大丈夫かなあ | 1 | 0 | 1 |
| (A) いただけるようお願いいたします | 1 | 0 | 1 |
| (A) いただけますようお願いいたします | 1 | 1 | 1 |
| (A) くださいますようお願いいたします | 0 | 1 | 1 |
| (B) くださいませんか | 0 | 1 | 1 |

表 9-4　中国語母語話者の使った依頼表現

| 回答　　　　　　　　　人数 | 男性話者 | 女性話者 | 合計 |
|---|---|---|---|
| (A) いただけませんか | 4 | 6 | 10 |
| (A) いただきますようお願いいたします | 4 | 2 | 6 |
| (A) くださいますようお願いいたします | 1 | 2 | 3 |
| (A) いただけますようお願いいたします | 0 | 3 | 3 |
| (A) くださるようお願いいたします | 1 | 1 | 2 |
| (A) いただければ幸いです | 1 | 1 | 2 |
| (B) いただければ大変助かります | 0 | 1 | 1 |
| (B) もらえますか？ | 0 | 1 | 1 |
| (B) もらっても大丈夫でしょうか | 0 | 1 | 1 |

## 質問 3（親疎関係：疎　　上下関係：上　　負担度の度合い：軽）

　自分が書いた来月の営業企画について、上司の馬場さんに見てもらう場合。

表 9-5 日本語母語話者の使った依頼表現

| 回答　　　　　　　　人数 | 男性話者 | 女性話者 | 合計 |
|---|---|---|---|
| （A）いただけませんか | 9 | 2 | 11 |
| （A）いただきますようお願いいたします | 2 | 3 | 5 |
| （A）くださいますようお願いいたします | 2 | 3 | 5 |
| （A）いただければ幸いです | 1 | 2 | 3 |
| （B）いただきたいのですが | 0 | 1 | 1 |
| （A）いただけるようお願いいたします | 1 | 0 | 1 |
| （B）ご確認ください。よろしくお願いいたします | 0 | 1 | 1 |
| （B）いただけませんでしょうか | 1 | 0 | 1 |
| （B）いただけますでしょうか | 1 | 0 | 1 |

表 9-6 中国語母語話者の使った依頼表現

| 回答　　　　　　　　人数 | 男性話者 | 女性話者 | 合計 |
|---|---|---|---|
| （A）いただきますようお願いいたします | 3 | 3 | 6 |
| （A）いただけませんか | 1 | 5 | 6 |
| （A）いただけますようお願いいたします | 3 | 3 | 6 |
| （A）くださいますようお願いいたします | 2 | 2 | 4 |
| （A）いただくようお願いいたします | 1 | 1 | 2 |
| （A）いただければ幸いです | 0 | 1 | 1 |
| （A）いただけるようお願いいたします | 1 | 0 | 1 |
| （B）ください | 0 | 1 | 1 |
| （B）いただきますでしょうか | 0 | 1 | 1 |
| （A）くださるようお願いいたします | 0 | 1 | 1 |

発話：馬場さん、私が書いた営業企画を見て（　　　）

親しくない上司に負担の小さいことを依頼する時、日本語母語話者の3分の1以上の人は「いただけませんか」を使用している。次いで「いただきますようお願いいたします」5例と「くださいますようお願いいたします」5例を使用している。調査協力者自身で考えた答えは4件である。

一方、中国語母語話者は日本語母語話者と比べると、「いただけませんか」の回答は少なく、6件しか見られない。また男女差も見られる。「いただけませんか」を使用する日本語母語話者の11人の中に9人が男性であるが、「いただけませんか」を使用する中国語母語話者の6人の中に5人が女性である。このように大きな違いが見られる。また中国語母語話者は「いただきますようお願いいたします」6件と「くださいますようお願いいたします」4件を使用している。「いただけますようお願いいたします」と「いただけるようお願いいたします」という「ていただける」系について、日本語母語話者には1件しか使われず、中国語母語話者には7件使われている。これは日本語母語話者と中国語母語話者の大きな違いと言える。中国語の場合、可能形にして依頼する場合が多いため、これが理由で中国語母語話者には「ていただける」系が多く使用されるのではないかと考えられる。

また地位の「同」の同僚に依頼する時と比べると、地位の「上」の人に依頼する時、「てくれる」系と「てもらう」系が使用されなくなり、代わりに「てくださる」系と「ていただく」系が使われるようになる。

## 質問4　（親疎関係：疎　　上下関係：上　　負担度の度合い：重）

来月、結婚することになった。でも最近仕事が忙しくて、上司の上原さんに「2週間のお休みがほしい」と願いたい。

発話：上原さん、2週間の休みを取って（　　　）

質問4では「その他」という回答に日本語母語話者の7件と中国語母語話者の2件が見られる。社内では地位が「上」の人に対し、日本語母

表 9-7　日本語母語話者の使った依頼表現

| 回答　　　　　　　　人数 | 男性話者 | 女性話者 | 合計 |
|---|---|---|---|
| (A) いただけませんか | 6 | 3 | 9 |
| (A) いただければ幸いです | 2 | 2 | 4 |
| (A) いただけますようお願いいたします | 2 | 2 | 4 |
| (A) いただきますようお願いいたします | 2 | 0 | 2 |
| (A) くださいますようお願いいたします | 1 | 1 | 2 |
| (B) いただけませんでしょうか | 1 | 1 | 2 |
| (B) いただいてもよろしいでしょうか | 1 | 0 | 1 |
| (B) いただいても大丈夫でしょうか | 1 | 0 | 1 |
| (B) 取得してよろしいでしょうか | 1 | 0 | 1 |
| (B) いただきたいのですが、よろしいでしょうか、お忙しい中、申し訳ありません | 0 | 1 | 1 |
| (A) いただけるようお願いいたします | 0 | 1 | 1 |
| (B) 頂戴いただけないでしょうか | 0 | 1 | 1 |

表 9-8　中国語母語話者の使った依頼表現

| 回答　　　　　　　　人数 | 男性話者 | 女性話者 | 合計 |
|---|---|---|---|
| (A) いただけますようお願いします | 6 | 1 | 7 |
| (A) いただけませんか | 1 | 5 | 6 |
| (A) いただければ幸いです | 1 | 3 | 4 |
| (A) くださるようお願いいたします | 2 | 1 | 3 |
| (A) くださいますようお願いします | 1 | 2 | 3 |
| (A) いただきますようお願いします | 0 | 2 | 2 |
| (B) ください | 0 | 1 | 1 |
| (B) 取らせてもらえませんか | 0 | 1 | 1 |
| (A) いただけるようお願いします | 0 | 1 | 1 |
| (A) いただくようお願いします | 0 | 1 | 1 |

語話者と中国語母語話者が使っている依頼表現の上位３位として「いただけませんか」「いただければ幸いです」「いただけますようお願いいたします」があり、このように「ていただける」系が多く使われるようになる。また中国語母語話者は「でしょうか」を使用しないが、日本語母語話者は「でしょうか」を使う人は７人いる。さらに日本語母語話者には依頼表現を使ってから「お忙しい中、申し訳ありません」という謝罪表現を加えた回答が見られる。一方、日本語母語話者と比べると、中国語母語話者には丁寧度の低い依頼表現「てください」が使われている。「てくださる」系と「ていただく」系について、日本語母語話者には「ていただく」系が５例見られるが、「てくださる」系は、「てくださいますよう」の２件のみ使われており、「てくださる」系より「ていただく」系が多く使用されている。一方で、中国語母語話者は「ていただく」系３件、「てくださる」系６件が使用されており、日本語母語話者と異なり、「ていただく」系より「てくださる」系をより多く使用している。このように「てくださる」系と「ていただく」系の使用において、日本語母語話者と中国語母語話者には大きな差異が見られる。

## ４．社外における依頼表現の使用状況
### 質問５　（社外の客に依頼する　負担度：重）

客に発送した商品は不備があって、返金することになった。客に着払いにて商品を自社まで送ってほしい。

発話：着払いにて商品を弊社まで送って（　　　）

社外の客に負担の大きいことを依頼する時、日本語母語話者も中国語母語話者も社内の時と異なり、「いただけませんか」をあまり使用しないことが明らかになった。代わりに「いただきますようお願いいたします」と「くださいますようお願いいたします」を多く使用するようになる。日本語母語話者と中国語母語話者のいずれも「その他」を選んだ回答はない。

「いただきますようお願いいたします」と「くださいますようお願いい

表 9-9　日本語母語話者の使った依頼表現

| 回答 ＼ 人数 | 男性話者 | 女性話者 | 合計 |
|---|---|---|---|
| （A）いただきますようお願いいたします | 5 | 4 | 9 |
| （A）くださいますようお願いいたします | 5 | 3 | 8 |
| （A）いただくようお願いいたします | 2 | 2 | 4 |
| （A）いただけますようお願いいたします | 3 | 0 | 3 |
| （A）いただければ幸いです | 1 | 2 | 3 |
| （A）いただけるようお願いいたします | 1 | 0 | 1 |
| （A）いただけませんか | 0 | 1 | 1 |

表 9-10　中国語母語話者の使った依頼表現

| 回答 ＼ 人数 | 男性話者 | 女性話者 | 合計 |
|---|---|---|---|
| （A）くださいますようお願いいたします | 3 | 8 | 11 |
| （A）いただきますようお願いいたします | 2 | 3 | 5 |
| （A）いただけますようお願いいたします | 2 | 3 | 5 |
| （A）くださるようお願いいたします | 2 | 1 | 3 |
| （A）いただければ幸いです | 2 | 1 | 3 |
| （A）いただくようお願いいたします | 0 | 2 | 2 |

たします」について、日本語母語話者は「いただきますようお願いいたします」と「くださいますようお願いいたします」をほぼ同様に使用しているが、中国語母語話者は「くださいますようお願いいたします」を 11 例使っているのに対して、「いただきますようお願いいたします」を 5 例使っており、「くださいますようお願いいたします」をより多く使用している。特に中国語母語女性話者は「くださいますようお願いいたします」を多用

第9章　ビジネス場面における依頼表現　　181

している。社内場面と同様に、社外場面も中国語母語話者は「いただく」より「くださる」を多く使用する傾向が見られる。日本語母語男性話者が使う「いただけますようお願いいたします」「いただけるようお願いいたします」という「ていただける」系は日本語母語女性話者にはあまり使われない一方、中国語母語話者には男女問わず「いただけますよう」が使われている。

**質問6　（社外の客に依頼する　　負担度：軽）**

　株式会社のプリンターに興味を持つ。カタログを送ってほしい。

発話：御社のプリンターのカタログを送って（　　　）

　設問5と異なり、設問6の社外の客に対し、日本語母語話者も中国語母語話者も調査協力者自身で考えた回答が見られる。日本語母語話者と中国語母語話者のいずれも「いただけませんか」を最も多く使用し、それぞれ10例、11例である。「てもらう」系と「てくれる」系を使う例は見られず、「てくださる」系と「ていただく」系が使用されている。このように社内場面より、社外場面ではより丁寧度の高い依頼表現が使われている。

　「てくださる」系と「ていただく」系について、日本語母語話者は「ていただく」系10例、「てくださる」系3例を使用しており、中国語母語話者は日本語母語話者と異なり、「ていただく」系3例、「てくださる」系7例を使用している。特に日本語母語男性話者は「ていただく」系を7例と多用している傾向が見られる。日本語母語話者は「ていただく」系を多く使用する理由について、北澤（2008）と蒲谷（2007）の指摘を引用する。北澤（2008）では、「～いただく」は依頼に対する受諾と行為という二重の恩恵を受けるという意味があり、「～くださる」より高い敬意が感じられるとし、また、「～いただく」の方が、動作主を明示しない分だけ、間接的で婉曲な表現であると指摘している。また蒲谷（2007）では「書いてくださいますか」は、基本的な依頼の構造である、「行動」＝「相手」、「決定権」＝「相手」、「利益・恩恵」＝「自分」ということが、表現上も明確であるの

表 9-11　日本語母語話者の使った依頼表現

| 回答　　　　　　　　　人数 | 男性話者 | 女性話者 | 合計 |
|---|---|---|---|
| (A) いただけませんか | 5 | 5 | 10 |
| (A) いただきますようお願いいたします | 6 | 2 | 8 |
| (A) いただければ幸いです | 2 | 1 | 3 |
| (A) いただけますようお願いいたします | 1 | 1 | 2 |
| (A) くださるようお願いいたします | 1 | 1 | 2 |
| (A) くださいますようお願いいたします | 1 | 0 | 1 |
| (A) いただくようお願いいたします | 0 | 1 | 1 |
| (B) いただくことは可能でしょうか | 1 | 0 | 1 |
| (B) いただけませんでしょうか | 0 | 1 | 1 |

表 9-12　中国語母語話者の使った依頼表現

| 回答　　　　　　　　　人数 | 男性話者 | 女性話者 | 合計 |
|---|---|---|---|
| (A) いただけませんか | 3 | 8 | 11 |
| (A) いただければ幸いです | 0 | 5 | 5 |
| (A) くださいますようお願いいたします | 3 | 2 | 5 |
| (A) いただけますようお願いいたします | 3 | 0 | 3 |
| (A) いただきますようおお願いいたします | 0 | 2 | 2 |
| (A) くださるようお願いいたします | 1 | 0 | 1 |
| (A) いただくようお願いいたします | 1 | 0 | 1 |
| (B) くださいませんか | 0 | 1 | 1 |

に対し、「書いていただけますか」という表現は、「行動」が「自分」（書いていただける）に切り替えられ、「丁寧さ」の原理に従えば、その構造を持つ表現が最も丁寧であることから、「書いてくださいますか」よりも「書いていただけますか」のほうが構造的に丁寧な表現であると言えるわけであると指摘している。この理由により、日本語母語話者は「てくださる」系より「ていただく」系を多く使用しているのではないかと考えられる。また「ていただける」系は日本語母語話者と中国語母語話者の回答に見られる。

## 5. おわりに

　本章ではビジネス場面における中国語母語話者と日本語母語話者が使う依頼表現の使用実態を調査して、以下のことを明らかにした。

　（1）中国語母語話者と日本語母語話者は男女、上下関係、負担度の度合いと関係なく、社内では「ていただけませんか」を多く使用している。親しくない同僚に対し、地位と負担の度合いが上がるほど、「ていただけませんか」の使用率が下がっていく。一方、社外では「ていただけませんか」をあまり使用せず、「くださいますよう」と「いただきますよう」を多く使用することが明らかになった。「その他」という回答について、日本語母語話者は中国語母語話者より「その他」を選んだ人が多い。中国語母語話者より日本語母語話者はよりバリエーションの多い依頼表現を使っていると言える。

　地位が「上」の人に負担の大きいことを依頼する時に中国語母語話者には「てください」という丁寧度の低い依頼表現が見られる。一方、日本語母語話者は地位の上の人に対し、「ですか」を「でしょうか」にする傾向が見られる。これは盧（2011）で指摘する日本人大学生は「〜でしょうか」という推量疑問形の表現が丁寧だと思っていることと一致している。さらに日本語母語話者には依頼表現を使ってから「お忙しい中、申し訳ありません」という謝罪表現を後に加えた回答が見られる。このように、日本語母語話者は相手と場面により、依頼表現をよく使い分けている。中国

語母語話者は相手と場面による依頼表現の使い分けをよりよく学習する必要があるのではないかと考えられる。孫（2012）では、中国人は聞き手との人間関係や場面に対する理解は日本人と異なることを指摘している。この点については、本章の調査結果は孫（2012）と一致している。しかし、孫（2012）では中国人は授受動詞を選択するとき、「ウチ・ソト」より、行為の与え手との上下関係がより重視されると指摘しているが、今回の調査によると、中国語母語話者は相手の地位が上がるにつれ、より丁寧度の高い依頼表現を使うが、社外の客に対し、さらに丁寧度の高い依頼表現を使用している。この違いについて、孫（2012）では中国にある大学の学生を調査対象にしているが、本章では日本で就職している中国人を調査対象としたためではないかと考えられる。ビジネス場面において在日中国人の依頼表現の使用は日本社会の影響を大きく受けていると言えよう。「てもらう」「てくれる」と「てくださる」「ていただく」について、親しくない同僚に対しては、中国語母語話者と日本語母語話者は「てくれる」より、「てもらう」を多く使用している。また親しくない地位の上の人、また社外の客に対し、中国語母語話者と日本語母語話者は「てくれる」「てもらう」を使わなくなり、日本語母語話者は「ていただく」、中国語母語話者は「てくださる」を多用するようになる。

　（2）「くださいますよう」と「いただきますよう」について、日本語母語話者は社内ではあまり使わず、社外の客に対し、「いただきますよう」をより多く使用している。これは北澤（2008）と茅（2021）における調査結果と一致しており、「いただきますよう」の使用が広がっていることを示している。北澤（2008）では「〜いただきますよう…」が広まった背景について、「〜いただく」は依頼に対する受諾と行為という二重の恩恵を受けるという意味があり、「〜くださる」より高い敬意が感じられるとし、また、「〜いただく」の方が、動作主を明示しない分だけ、間接的で婉曲な表現であると指摘している。一方、中国語母語話者は「いただきますよう」より「くださいますよう」を多く使用する結果であった。丁

（2012）では中国の日本語教科書における依頼表現に関する扱い、記述、解説などを調査し、多くの教科書が「てください」を「依頼」と呼び、これ以外に依頼の表現形式を散発的にしか扱っていないと指摘している。本調査では、中国語母語話者は敬意を表すために、そのまま「てください」を「てくださいますよう」に変え、「くださいますよう」を多く使用しているのではないかと考えられる。

　（3）「いただけますよう」と「いただけるよう」という「ていただける」系について、塩田・山下（2013）、野呂（2015）は新興の形であると指摘している。今回の調査によると、社内では日本語母語話者も中国語母語話者も地位が上がるにつれ、また社外の客に対し、負担の大きいことを依頼する時に「ていただける」系を使用するようになる傾向が見られる。特に中国語母語話者は上司に休みを取る質問では「いただけますよう」を最も多く使用している。その理由について、目上や客に負担の大きいことを依頼する時は、「可能性」を表す意味のある「ていただける」系が多く使われるのではないかと考えられる。これは井出（1986）で指摘した「くれる」「もらえる」「くださる」より「いただける」が丁寧だということと一致している。

　（4）ジェンダーによる影響に関して、小林（2003）は命令・依頼形式について言えば、丁寧な語形による中立化、脱ジェンダー化が見られると指摘している。本章の調査では地位が上がるにつれ、さらに社外の客に対し、日本語母語話者も中国語母語話者も男女の違いが見られなくなる。ビジネス場面における依頼表現の脱ジェンダー化も進んでいるのではないかと考えられる。

　本章では依頼する前の前置き表現や依頼のスタイルなどを考慮に入れず、依頼表現形式のみに注目した。またアンケート調査の答えの選択肢に「その他」という選択肢を設けたが、指定した8つの選択肢があるので、選択肢なしの調査形式で得られる結果とは異なるかもしれない。これは今後の課題となる。

注：

(1) A は指定した選択肢を選んだ回答であり、B は「その他」を選んだ回答である。

(2) 丁寧度について、井出（1986）を参照にしている。

# 第五部

中国におけるビジネス日本語教育のあり方及び提案

# 第 10 章　中国のビジネス日本語会話教科書における依頼表現

## 1. はじめに

　依頼表現に関する日中対照研究は多くなされている。相原（2015）では文のタイプ、受益表現のタイプ、敬語の使用、自由侵害を認める表現の使用の 4 つの面から、相手との親しさ（親・疎の 2 段階）と相手の地位（同・やや上・上の 3 段階）が依頼表現の使用にどのように影響を与えているのかについて日中対照研究を行っている。

　また、中国語と日本語の対照研究ではなく、中国人日本語学習者と日本語母語話者が使用する日本語の依頼表現の対照研究もなされている。盧（2011）では最も改まった態度でいる時に使う依頼表現における中国人日本語学習者と日本語母語話者との違いが見られ、日本語母語話者が思っている最も改まった態度でいる時に使う依頼表現は「ペンをお借りしてもよろしいでしょうか」であるのに対して、中国人日本語学習者が思っている最も改まった態度でいる時に使う依頼表現は「ペンを貸していただけませんか」であると指摘している。茅（2021）では中国人日本語学習者と日本語母語話者を調査対象として、ビジネス場面における依頼表現に関するアンケート調査を行っている。中国人日本語学習者は「ていただける」系、「てもらえる」系より「てくださる」系、「てくれる」系を多く使用しており、また使用する依頼表現のバリエーションは豊富でないことを指摘している。

190

## 2. 調査

### 2.1 調査目的

　以上の先行研究では中国人日本語学習者が使用する依頼表現に傾向が見られる。これは中国の日本語教育と関係があるのであろうか。また盧（2011）で指摘した中国人日本語学習者が思っている最も改まった態度でいる時に使う依頼表現は「ペンを貸していただけませんか」であることについて、中国の日本語教科書に最も改まった態度でいる時にどのような依頼表現が使われているのかを確認したい。

　さらに、茅（2023）の指摘したビジネス場面で中国人日本語学習者は「いただきますよう」より「くださいますよう」を多く使用することは中国のビジネス日本語教科書から影響を受けているかどうかについても確認したい。

　そこで、本章では中国のビジネス日本語会話教科書における依頼表現を調査し、中国におけるビジネス日本語教育のあり方を明らかにする。また、中国のビジネス日本語会話教科書における依頼表現を明らかにした上で、会話場面の多い日本ビジネス小説に使われている依頼表現と比較しながら、両者の共通点や相違点を明らかにすることにより、中国のビジネス日本語会話教科書の問題点を探っていく。

### 2.2 調査資料

　調査資料は2000年以降に出版された4冊のビジネス日本語会話教科書である。著者に日本語母語話者が加わっているかどうかによって相違する可能性を考慮して、教科書の編集に日本語母語話者が参加したものと中国語母語話者のみ参加したものとを区別する。

　　宋健榕・卢真（2007）『商务日语』广东世界图书出版公司

　　毕重钰（2013）『商务日语口语第二版』对外经济贸易大学出版社

　　高见泽孟（日）・陈岩（2010）『标准商务日语会话第二册』外语教学
　　　与研究出版社

許慈惠・林工（日）（2015）『新編日語商貿会話』上海外语教育出版社

## 2.3 表現形式の分類

相原（2008）を参考にして表現形式を「直接依頼文」と「間接依頼文」に2分し、それぞれをさらに3分した（名称は本章で変えた点がある）。6類に分類したそれぞれについて、簡単に注記を添えておく。

「命令形で終わる文」は「てくれ」「てください」「お/ご〜ください」を含む。

「テ形で言いさす文」はテ形のあとに終助詞を添えたものや「〜ないで」を含む。

「〈依頼する〉旨を明示的に述べる文」とは「頼む」「頼みます」「お願いします」などで終わる文である。

「肯定疑問文」は「てくれる？」「てもらえますか」「願えますか」などである。

「否定疑問文」は「てもらえないか」「てくれないか」「ていただけませんか」「お願いできないでしょうか」などである。

「希望を述べるという形をとる文」は「てほしい」「てもらいたい」「ていただきたい」「てもらいましょう」「ていただくと助かる」などである。

以上のうち初めの3類が「直接依頼文」、あとの3類が「間接依頼文」である。

## 3. 調査結果の概観
### 3.1 社内と社外の会話場面における依頼表現

本章では森田（1985）を参考に、「依頼者である話し手側のために、その求めに相手が応ずるよう申し出る行為」であるものを「依頼」とする。分類方法は相原（2008）を参考にしたものである。4冊の社内会話場面における依頼表現の使用状況を表10-1、社外会話場面における依頼表現

192

の使用状況を表 10-2 に示しており、社内会話場面では 81 例、社外会話場面では 189 例の合計 270 例使われている。直接依頼文と間接依頼文について、社内会話場面では直接依頼文は 65 例（80%）、間接依頼文は 16 例（20%）であり、社外会話場面では直接依頼文は 117 例（62%）、間接依頼文は 72 例（38%）である。このように社内会話場面と比べると、社外会話場面では直接依頼文の使用率が減り、間接依頼文の使用率が増えている。

　表 10-1 に示す通り、社内会話場面における依頼表現の使用は教科書による差異が見られるが、全体的に見ると、「てください」などの「命令形で終わる文」が最も多く使われる依頼表現形式であり、47% を占めている。また「命令形で終わる文」に次いで、「お願いします」「お願いいたします」

表 10-1　社内会話場面における依頼表現の使用状況

| | | | 商務日語 | 商務日語口語第二版 | 標准商務日語会話第二册 | 新編日語商貿会話 | 合計 |
|---|---|---|---|---|---|---|---|
| 直接依頼文 | 命令形で終わる文 | 社内 | 1 | 7 | 20 | 10 | 38 |
| | テ形で言いさす文 | 社内 | 0 | 0 | 2 | 1 | 3 |
| | 〈依頼する〉旨を明示的に述べる文 | 社内 | 2 | 8 | 12 | 2 | 24 |
| 間接依頼文 | 肯定疑問文 | 社内 | 0 | 1 | 0 | 0 | 1 |
| | 否定疑問文 | 社内 | 2 | 2 | 3 | 0 | 7 |
| | 希望を述べるという形をとる文 | 社内 | 0 | 2 | 6 | 0 | 8 |
| 合計 | | | 5 | 20 | 43 | 13 | 81 |

などのような「〈依頼する〉旨を明示的に述べる文」（30%）が2番目に多く使われている。

一方、「テ形で言いさす文」と「肯定疑問文」があまり使われない傾向が見られ、それぞれ3例、1例である。その理由は、4冊のビジネス日本語会話教科書における社内会話場面では部下と上司の会話がほとんどであり、立場が同じである同僚同士の会話があまり見られないからではないかと考えられる。またこのことにより、「普通体」よりも「丁寧体」で進められる会話が最も多く出ていることになり、4冊合計で「普通体」の依頼表現は数例しか見られない。その結果、中国人日本語学習者は「丁寧体」「普通体」の使い分けによって人間関係を調整することができなくなる（丁：2012）。各教科書の依頼表現の使用数にはばらつきが見られる。そのうち、『标准商务日语会话第二册』には43例使われ、他の3冊の合計数より多い。その理由は『标准商务日语会话第二册』の会話場面は全て社内の会話場面であり、社外の取引先や客との会話場面の設定がないからである。

表10-2は4冊の社外会話場面における依頼表現の使用状況である。社外会話場面で189例使われ、社内会話場面の用例の2倍以上である。『标准商务日语会话第二册』以外の3冊のいずれにも社内会話場面より社外会話場面の依頼表現の用例数が遥かに多い。理由は3冊とも社内より社外会話場面の設定が多いことによるものであると考えられる。このように、4冊の教科書における社内会話と社外会話の場面設定のバランスがあまりよくない傾向が見られる。また依頼表現形式について、社内会話場面と同様に、社外会話場面の上位2位は「命令形で終わる文」と「〈依頼する〉旨を明示的に述べる文」であるが、社内会話場面と異なって、「命令形で終わる文」（50例）ではなく、「〈依頼する〉旨を明示的に述べる文」（67例）が最も多く使われている。「命令形で終わる文」の使用率は社内会話場面の47%から26%まで下がっており、一方で「〈依頼する〉旨を明示的に述べる文」の使用率は社内会話場面の30%から35%まで上がっている。

「テ形で言いさす文」（0例）と「肯定疑問文」（11例）があまり使われ

194

表 10-2　社外会話場面における依頼表現の使用状況

| | | | 商務日语 | 商务日语口语第二版 | 标准商务日语会话第二册 | 新编日语商贸会话 | 合計 |
|---|---|---|---|---|---|---|---|
| 直接依頼文 | 命令形で終わる文 | 社外 | 33 | 8 | 0 | 9 | 50 |
| | テ形で言いさす文 | 社外 | 0 | 0 | 0 | 0 | 0 |
| | 〈依頼する〉旨を明示的に述べる文 | 社外 | 27 | 18 | 0 | 22 | 67 |
| 間接依頼文 | 肯定疑問文 | 社外 | 4 | 0 | 0 | 7 | 11 |
| | 否定疑問文 | 社外 | 12 | 13 | 0 | 4 | 29 |
| | 希望を述べるという形をとる文 | 社外 | 7 | 11 | 0 | 14 | 32 |
| 合計 | | | 83 | 50 | 0 | 56 | 189 |

　ないことは社内会話場面と共通している。このように、依頼表現のバリエーションは豊富でないことが言えよう。

## 4．命令形で終わる文

　会話場面における「命令形で終わる文」の使用状況を表 10-3 に示す。
　表 10-3 に示す通り、「てくれ」1 例、「てくれたまえ」1 例、「てください」59 例、「お／ご〜ください」27 例の合計 88 例使われており、会話場面の総用例数（270 例）の 33％を占めている。また「てください」は社内・社外問わず多く使われているのに対して、「お／ご〜ください」は社外でしか多く使われていない。社外会話場面における「てください」と「お／ご〜ください」の使用は教科書による差異が見られる。『商務日语』には「てください」より「お／ご〜ください」の用例数が多く、『商务日语口语第二版』

第 10 章　中国のビジネス日本語会話教科書における依頼表現　　195

表 10-3　会話場面における「命令形で終わる文」の使用状況

|  |  | 商务日语 | 商务日语口语第二版 | 标准商务日语会话第二册 | 新编日语商贸会话 | 合計 |
|---|---|---|---|---|---|---|
| てくれ<br>（1 例） | 社内 | 0 | 1 | 0 | 0 | 1 |
|  | 社外 | 0 | 0 | 0 | 0 | 0 |
| てくれたまえ<br>（1 例） | 社内 | 0 | 1 | 0 | 0 | 1 |
|  | 社外 | 0 | 0 | 0 | 0 | 0 |
| てください<br>（59 例） | 社内 | 1 | 5 | 19 | 10 | 35 |
|  | 社外 | 13 | 4 | 0 | 7 | 24 |
| お／ご～ください<br>（27 例） | 社内 | 0 | 0 | 1 | 0 | 1 |
|  | 社外 | 20 | 4 | 0 | 2 | 26 |
| 合計 |  | 34 | 15 | 20 | 19 | 88 |

には「てください」と「お／ご～ください」の差異が見られない。一方、
『新編日語商貿会話』には「お／ご～ください」より「てください」がよ
り多く使われている。茅（2023）の調査した日本のビジネス小説の会話
場面では社内と社外のいずれも、「お／ご～ください」より「てください」
の用例数が遥かに多いという調査結果であった。本調査の結果によると、
社内場面では「お／ご～ください」が 1 例しか使われず、社外場面では
『新編日語商貿会話』の 1 冊のみ「お／ご～ください」より「てください」
がより多く使われている。その理由は『商务日语』と『商务日语口语第二
版』と異なって、『新編日語商貿会話』の著者に日本語母語話者が加わっ
ているからではないかと考えられる（日本語母語話者の加わっている『标
准商务日语会话第二册』には社外会話場面の設定がない）。
　以下に「てくれ」と「てくれたまえ」の用例を示す。

（1）先生だなんて、やめ<u>てくれよ。</u>

山下→黄（同僚）（商務日語口語第二版　社内，p61）

中国語訳：なし

（2）今まで、役員会で話し合って、このメモにあるような回答を出す
ことにしたんだけれど、これを文書にまとめて<u>くれたまえ。</u>

部長→王（商務日語口語第二版　社内，p43）

中国語訳：请你整理成文。

4冊の教科書合計で「てくれ」は1例、「てくれたまえ」は1例である。
例（1）の「てくれ」は立場が同じである同僚に対して使っており、例（2）
の「てくれたまえ」は上司が部下に使っている。つまり、「てくれ」と「て
くれたまえ」は目下の人が目上の人に対して使っていない。「てくれ」の
中国語訳が付いていないが、「てくれたまえ」は中国語の「请」に翻訳さ
れている。このように、敬意の低い依頼表現があまり使われていないと言
える。

一方、「てください」は社内と社外のいずれにも多く使われている。以
下に社内と社外に分けて「てください」の用例を示す。例（3）〜（6）
は社内の用例である。

（3）そうですか。では戻られたら、すぐ第一応対室に電話し<u>てください。</u>

部門リーダー趙→部長秘書中村（商務日語口語第二版　社内，p29）

中国語訳：我知道了，部长如果回来了，请马上给第一接待室打个电话。

（4）ああ、王さん、大山だけど、明日の企画会議はキャンセルしたいので、
関係者に連絡し<u>てください。</u>

部長→王（标准商务日语会话第二册　社内，p34）

中国語訳：请与相关人联系一下。

（5）いいでしょう。金曜の2時に予定し<u>てください。</u>

部長→王（标准商务日语会话第二册　社内，p34）

中国語訳：请安排在周五下午两点钟。

（6）西安に調査に行きますから、陳さんも同行し<u>てください。</u>

部長→陳（標準商務日語会話第二冊　社内，p62）

中国語訳：小陈你也一起去一趟吧。

　以上のように、「てください」は社内場面では上司が部下に対して多く使う傾向が見られ、中国語の「请」に翻訳されている文と翻訳されていない文が見られる。「请」に翻訳されていない文が多い理由について、「てください」は主に上司が部下に使っているから「请」に翻訳されていないのではないかと考えられる。その場合、「吧」が文末に付けられる翻訳が多く見られ、語気を和らげる機能を果たしている。用例数について、社内会話場面で使われている35例のうち、28例は目上の人が目下の人に対して使っている。つまり、「てください」は主に上司が部下に対して使用していると言える。

　孫（2012）では中国にある大学の中国人日本語学習者を対象として、上下関係、心理的距離、負担度の度合いの3つの面から依頼場面を設定してアンケート調査を行っている。その結果、中国人日本語学習者が下位の相手に依頼を行う際に「てください」が過剰に用いられる可能性が示されたと指摘しており、本章の調査結果はこの指摘と一致している。今回調査した教科書は中国のビジネス日本語会話教科書であるが、他の日本語教科書と共通している部分も多いと思われる。そのため、中国人日本語学習者の「てください」の使用は中国の日本語教科書から大きく影響を受けていると言えるのではないかと考えられる。

　以下に社外場面の用例を示す。

（7）なんとか工場長を説得して、残業でもしてもらって、3月に積むよう協力してください。

田中（客）→王（商務日語　社外，p82）

中国語訳：请想办法说服厂长，争取能加班，帮忙做到3月份装船。

（8）是非3Aのことを検討してください。

中村→李（客）（商務日語　社外，p73）

中国語訳：请您一定考虑一下3A产品。

（9）それなら、そちらの見積価格を先に教えてください。

酒井（客）→任（新編日语商贸会话　社外，p98）

中国語訳：那么，请先说你们的估价。

　以上の例（7）～（9）のように、社外会話場面で買い手（客）が売り手に対して、また売り手が買い手に対しても「てください」を多く使用する傾向が見られる。社外会話場面では4冊合計で24例使われ、そのうち、買い手（客）が売り手に対して9例使用しており、売り手が買い手に13例使用している (注2)。

　次に、「お／ご〜ください」の用例を以下に示す。

（10）詳しい内容は協定案をご覧ください。

課長→部長（标准商务日语会话第二册　社内，p56）

中国語訳：详细内容请您看一下协议草案。

（11）はい、今すぐ連絡しますから、少々お待ちください。

王（紡績会社職員）→田中（客）（商务日语　社外，p86）

中国語訳：好，我立刻与工厂联系。请稍后。

（12）最後のページをご覧ください。

王→田中（客）（商务日语　社外，p112）

中国語訳：请看最后一页。

（13）船積みの期日が決定したら、すぐにお知らせください。

清水（客）→劉（新編日语商贸会话　社外，p124）

中国語訳：还有运输的问题，装船的日期定下来后请立刻通知我方。

（14）一覧払い信用状は、積み出し後15日以内は有効でなければならないということにご注意ください。

川端（客）→陳（新編日语商贸会话　社外，p118）

中国語訳：请注意，见票即付信用证必须是在装运后的15天期间有效的才行。

　例（10）は社内会話場面の用例であり、部下が上司に対して「ご〜ください」を使用しており、「お／ご〜ください」の社内における用例はこ

の1例のみである。例（11）と例（12）は社外の客（売り手が買い手）に対して使用する用例であり、例（13）と例（14）は客が売り手に対して使用する用例である。このうち、例（13）は客が船積みの期日を早く知りたくて分かり次第すぐに教えてほしいから、念入りに「お知らせください」を使用している。例（14）は客が売り手に一覧払い信用状の有効期間のことを注意してほしいから、念を押して「ご注意ください」を使用している。このように、社外会話場面で客が売り手に念を押す時に「お／ご〜ください」を使用している。用例数について、社外会話場面で「お／ご〜ください」は26例使われており、そのうちの24例（『商務日语』の20例と『商務日语口语第二版』の4例）は売り手が買い手（客）に、また受訪者が来訪者に対して使用している。客が売り手に対して使用する用例は『新編日语商贸会话』の2例のみである。

　以下に、社会地位などの人間関係の観点から、「てください」と「お／ご〜ください」の使用状況を表10-4にまとめる。表10-4に示す通り、「てください」は社内・社外を問わず多く使われるのに対して、「お／ご〜ください」は社内ではあまり使われず（1例）、社外に多く使われている（26

表10-4　「てください」と「お／ご〜ください」の使用状況

| | | てください | お／ご〜ください |
|---|---|---|---|
| 社内 | 上→下 | 28 | 0 |
| | 同地位 | 4 | 0 |
| | 下→上 | 3 | 1 |
| 社外 | 売り手→買い手（客） | 13 | 24 |
| | 買い手（客）→売り手 | 9 | 2 |
| 合計 | | 57 | 27 |

例)。「てください」の使用状況について、社内場面では上司が部下に対して過剰に多く使用している。社外場面では売り手が買い手にも、また買い手が売り手にも多く使用している。一方、「お／ご〜ください」は買い手(客)が売り手に対してあまり使用していない。このように、売り手が買い手(客)に対して「お／ご〜ください」のほか、「てください」も多く使用しているが、買い手（客）が売り手に対して「てください」のみを多く使用すると言える。

## 5．テ形で言いさす文

　「テ形で言いさす文」は社外会話場面では使われず、社内会話場面では3例しか使われていない。3例とも日本人著者が加わっている教科書の用例であり、『標准商务日语会话第二册』には2例、『新编日语商贸会话』には1例の合計3例である。

　そのうち、上司が部下に使用する用例は2例であり、立場が同じである同僚同士の用例は1例である。

## 6．〈依頼する〉旨を明示的に述べる文

　4冊の会話場面における「〈依頼する〉旨を明示的に述べる文」の使用状況を表10-5に示す。表10-5に示す通り、『商务日语』には29例、『商务日语口语第二版』には26例、『标准商务日语会话第二册』には12例、『新编日语商贸会话』には24例の合計91例使われている。そのうち、「お願いします」は66例(社内16例、社外50例)使われ、最も多く使われる「〈依頼する〉旨を明示的に述べる文」である。

　「お願いします」(注3)に次いで、「お願いいたします」は16例（社内1例と社外15例）であり、2番目に多く使われる「〈依頼する〉旨を明示的に述べる文」である。そのうち、日本人著者が加わっていない2冊には11例、日本人著者が加わっている2冊には5例である。

　このように、社内には「お願いします」が多く使われるのに対して、社

第 10 章　中国のビジネス日本語会話教科書における依頼表現　　201

外には「お願いします」のほか、「お願いいたします」も多く使われている。特に日本人著者が加わっていない『商務日語』には 8 例であり、「お願いいたします」の用例（16 例）の半数を占めている。一方、「お願い申し上げます」は 4 冊合計で 1 例しか使われていない。

　以下に「お願いします」の例文を示す。

（15）じゃあ、詳しい報告は、文書で<u>お願いします</u>よ。

　　　　　　　　　　　部長→陳（标准商务日语会话第二册　社内，p62）

　　　中国語訳：那么麻烦你把详细报告以文件的形式提交上来。

（16）課長：じゃあ、早速郭社長の希望する条件について部長と相談しましょう。

表 10-5　会話場面における「〈依頼する〉旨を明示的に述べる文」の使用状況

| | | 商务日语 | 商务日语口语第二版 | 标准商务日语会话第二册 | 新编日语商贸会话 | 合計 |
|---|---|---|---|---|---|---|
| よろしく（1 例） | 社内 | 0 | 1 | 0 | 0 | 1 |
| | 社外 | 0 | 0 | 0 | 0 | 0 |
| 頼む（頼みます）（5 例） | 社内 | 2 | 2 | 0 | 0 | 4 |
| | 社外 | 0 | 0 | 0 | 1 | 1 |
| 願います（2 例） | 社内 | 0 | 0 | 1 | 0 | 1 |
| | 社外 | 0 | 1 | 0 | 0 | 1 |
| お願いします（66 例） | 社内 | 0 | 5 | 9 | 2 | 16 |
| | 社外 | 19 | 14 | 0 | 17 | 50 |
| お願いいたします（16 例） | 社内 | 0 | 0 | 1 | 0 | 1 |
| | 社外 | 8 | 3 | 0 | 4 | 15 |
| お願い申し上げます（1 例） | 社内 | 0 | 0 | 1 | 0 | 1 |
| | 社外 | 0 | 0 | 0 | 0 | 0 |
| 合計 | | 29 | 26 | 12 | 24 | 91 |

王：よろしく<u>お願いします</u>。

王→課長（标准商务日语会话第二册　社内，p2）

中国訳：有劳您了。

（17）それでは日本語の契約書の作成を<u>お願いします</u>。

王（売り手）→田中（買い手）（商务日语　社外，p113）

中国語訳：那么，麻烦您准备日文合同。

（18）わかりました。では、300カートン<u>お願いします</u>。

陸（買い手）→黒木（売り手）（新编日语商贸会话　社外，p112）

中国語訳：行。那么，就订300箱。

（19）柔軟でなければなりませんね。ケース・バイ・ケースで考えましょうよ。<u>お願いします</u>。

陳（買い手）→川端（売り手）（新编日语商贸会话　社外，p118）

中国語訳：要会应变，具体问题具体对待嘛。拜托了。

例（15）と例（16）のように、社内会話場面では上司が部下に、また部下が上司にも「お願いします」を使用している。また例（17）〜（19）のように、社外会話場面では売り手が買い手に、また買い手が売り手にも「お願いします」を使用している。このように、社内・社外、また上下関係を問わず「お願いします」が多く使用されており、今回の調査した4冊には「お願いします」（66例）が最も多く使われる依頼表現形式となっている。以下に「お願いいたします」の用例を示す。

（20）課長：わかった。この件は、家族と相談して近々答えましょう。

王平：よろしく<u>お願いいたします</u>。

王平→課長（标准商务日语会话第二册　社内，p253）

中国語訳：拜托了。

社内会話場面では「お願いいたします」がこの1例のみであり、王平は課長に自分と友人で作った会社の会長になって貿易実務を指導してほしいが、課長に断られる可能性が十分にあるため、「よろしくお願いいたします」を使って依頼の強い意志を表している。

第 10 章　中国のビジネス日本語会話教科書における依頼表現　　203

(21) いずれにせよ、くれぐれも遅れないように<u>お願いいたします。</u>
　　　　　　　　清水（買い手）→劉（売り手）（新編日語商貿会話，p124）
　　　中国語訳：无论如何务请注意不能拖延时间。

(22) B：誠に、申し訳ございません。その品物数量不足の原因をきちんと調べます。
　　　A：<u>お願いいたします。</u>
　　　　　　　　　　A（客）→売り手（商務日语口语第二版，p192）
　　　中国語訳：なし

(23) そうですね。今回、双方が納得の行く結論が得られたのはまさに御社のご協力の賜です。今後ともどうぞお引き立てのほど<u>お願いいたします。</u>
　　　　　　　　山田（買い手）→李（売り手）（商務日语口语第二版，p172）
　　　中国語訳：今后还请贵司多多提携。

(24) 田中：3月積みがどうしても無理なら、4月上旬積みまでは譲歩します。
　　　王：はい、今すぐ連絡しますから、少々お待ちください。
　　　田中：<u>お願い致します。</u>
　　　　　　　　　　田中（引き合いの人）→王（オファーの人）
　　　　　　　　　　　　　　　　　　（商務日语　社外，　p86）
　　　中国語訳：麻烦您了！

　買い手が売り手に対して、「お願いします」「お願いいたします」のいずれも使用しており、例（18）と例（19）は「お願いします」、例（21）、例（22）、例（23）は「お願いいたします」を使用する用例である。納期や品物数量不足の原因の調査に関する重要な依頼の場合、「お願いいたします」を使って依頼の強い意志を表す傾向が見られる。

　一方、売り手が買い手（客）に対して「お願いします」をより多く使用しており、例（17）のように、売り手が買い手に負担度の小さいことを依頼する時に「お願いします」を使用している。「お願いします」(注4)と「お・

願いいたします」の使用状況を表 10-6 にまとめる。表 10-6 に示す通り、「お願いします」は社内・社外を問わず多く使用されるのに対して、「お願いいたします」は社外のみに多く使用されている。また社内場面では目上の人にも、目下の人にも「てください」を使用している一方、社外場面では「お願いします」と「お願いいたします」のいずれも買い手（客）が売り手に対してより多く使用している。これは社外場面では買い手（客）が売り手に取引条件や納期などを交渉する必要があるからではないかと考えられる。特に重要な依頼の場合、「お願いいたします」を使用している。「お願いいたします」の使用は人間関係（客の立場かどうか）ではなく、依頼事（負担度の度合いなど）と強く関係しているのではないかと考えられる。

　「お願い申し上げます」は以下の例（25）の 1 例のみであり、聞き手が社長であるため、より敬意の高い「お願い申し上げます」を使用したのではないかと考えられる。

　（25）社長：会社を替わっても同じ業界だから、今後もよろしくお願い
　　　　しますよ。
　　　　　大山：こちらこそ、よろしくお願い申し上げます。
　　　　　　　　大山→社長（标准商务日语会话第二册　社内，p247）

表 10-6　「お願いします」と「お願いいたします」の使用状況

| | | お願いします | お願いいたします |
|---|---|---|---|
| 社内 | 上→下 | 5 | 0 |
| | 同地位 | 2 | 0 |
| | 下→上 | 9 | 1 |
| 社外 | 売り手→買い手（客） | 14 | 4 |
| | 買い手（客）→売り手 | 28 | 11 |
| 合計 | | 58 | 16 |

中国語訳：我也是，也请您多关照。

　また「頼む（頼みます）」が５例（社内４例と社外１例）見られ、そのうち、社内会話場面の４例とも上司が部下に対して使用している。例（26）は社外会話場面ではクレームする側が売り手に対して「頼みますよ」を使用する用例である。このように、「頼む（頼みます）」は部下が上司に、また社外の客に対してあまり使わないと言える。

（26）戚：これから取り急ぎその原因を真剣に調べてみます。

　　　在間：では、頼みますよ。

　　　　　　　　　　　　　在間（クレームする側）→戚（桜深公司社員）

　　　　　　　　　　　　　　　　（新編日语商贸会话　社外，p134）

　　　中国語訳：那就拜托你了。


## 7．肯定疑問文

　次ページの表 10-7 に示す通り、「肯定疑問文」は『商务日语』には４例、『商务日语口语第二版』には１例、『新编日语商贸会话』には７例の合計12 例であり、会話場面の全用例（270 例）の僅か 4% である。そのうち、社内では１例、社外では 11 例であり、特に社内会話場面では「肯定疑問文」があまり使われないと言える。授受動詞に由来する依頼表現について、「てくれる」系と「てもらえる」系の用例が見られず、より敬意の高い「てくださる」系と「ていただける」系の用例が見られている。そのうち、「てくださる」系は２例、「ていただける」系は８例であり、「ていただける」系のほうが用例数は多い。


## 8．否定疑問文

　207 ページの表 10-8 に示す通り、「否定疑問文」は『商务日语』には 14 例、『商务日语口语第二版』には 15 例、『标准商务日语会话第二册』には３例、『新编日语商贸会话』には４例の合計 36 例使われ、「肯定疑問文」の用例の３倍である。また日本人著者が加わっている『标准商务日语会话第二

表 10-7　会話場面における「肯定疑問文」の使用状況

| | | 商务日语 | 商务日语口语第二版 | 标准商务日语会话第二册 | 新编日语商贸会话 | 合計 | |
|---|---|---|---|---|---|---|---|
| てくださいますか（2例） | 社内 | 0 | 0 | 0 | 0 | 0 | 2 |
| | 社外 | 1 | 0 | 0 | 1 | 2 | |
| ていただけるでしょうか（1例） | 社内 | 0 | 0 | 0 | 0 | 0 | |
| | 社外 | 1 | 0 | 0 | 0 | 1 | |
| ていただけますか（3例） | 社内 | 0 | 1 | 0 | 0 | 1 | 8 |
| | 社外 | 0 | 0 | 0 | 2 | 2 | |
| ていただけますでしょうか（2例） | 社内 | 0 | 0 | 0 | 0 | 0 | |
| | 社外 | 0 | 0 | 0 | 2 | 2 | |
| お／ご～いただけますか（2例） | 社内 | 0 | 0 | 0 | 0 | 0 | |
| | 社外 | 1 | 0 | 0 | 1 | 2 | |
| お願いできますか（1例） | 社内 | 0 | 0 | 0 | 0 | 0 | 2 |
| | 社外 | 1 | 0 | 0 | 0 | 1 | |
| ご～願えますか（1例） | 社内 | 0 | 0 | 0 | 0 | 0 | |
| | 社外 | 0 | 0 | 0 | 1 | 1 | |
| 合計 | | 4 | 1 | 0 | 7 | 12 | |

表 10-8　会話場面における「否定疑問文」の使用状況

| | | 商务日语 | 商务日语口语第二版 | 标准商务日语会话第二册 | 新编日语商贸会话 | 合計 | |
|---|---|---|---|---|---|---|---|
| てくれない？<br>（1例） | 社内 | 0 | 1 | 0 | 0 | 1 | |
| | 社外 | 0 | 0 | 0 | 0 | 0 | |
| てくれないか（な）<br>（4例） | 社内 | 1 | 1 | 2 | 0 | 4 | 7 |
| | 社外 | 0 | 0 | 0 | 0 | 0 | |
| てくれませんか<br>（2例） | 社内 | 0 | 0 | 1 | 0 | 1 | |
| | 社外 | 0 | 0 | 0 | 1 | 1 | |
| てくださいません<br>か<br>（3例） | 社内 | 1 | 0 | 0 | 0 | 1 | |
| | 社外 | 2 | 0 | 0 | 0 | 2 | 5 |
| お／ご～ください<br>ませんか<br>（2例） | 社内 | 0 | 0 | 0 | 0 | 0 | |
| | 社外 | 0 | 2 | 0 | 0 | 2 | |
| てもらいませんか<br>（1例） | 社内 | 0 | 0 | 0 | 0 | 0 | |
| | 社外 | 1 | 0 | 0 | 0 | 1 | 2 |
| てもらえませんか<br>（1例） | 社内 | 0 | 0 | 0 | 0 | 0 | |
| | 社外 | 1 | 0 | 0 | 0 | 1 | |
| ていただきません<br>か<br>（18例） | 社内 | 0 | 0 | 0 | 0 | 0 | |
| | 社外 | 7 | 9 | 0 | 2 | 18 | |
| お／ご～いただけ<br>ませんか<br>（1例） | 社内 | 0 | 0 | 0 | 0 | 0 | 22 |
| | 社外 | 0 | 1 | 0 | 0 | 1 | |
| ていただけないで<br>しょうか？<br>（3例） | 社内 | 0 | 0 | 0 | 0 | 0 | |
| | 社外 | 1 | 1 | 0 | 1 | 3 | |
| 合計 | | 14 | 15 | 3 | 4 | 36 | |

冊』と『新編日语商貿会話』の用例は他の2冊より用例数が遥かに少ない。社内と社外の使用状況について、社内では9例、社外では27例である。また「肯定疑問文」には見られない「てくれる」系と「てもらえる」系は「否定疑問文」にはそれぞれ7例、1例見られ、「てもらえる」系より「てくれる」系の用例が多い。これは孫（2012）の調査結果（中国人日本語学習者が「てもらう」より「てくれる」を多用している）と一致している。このように、中国人日本語学習者の依頼表現の使用は中国の教科書から影響を受けていると言えるのではないかと考えられる。さらに、孫（2012）は中国人日本語学習者には「～てもらえますか／てもらえませんか」を使うべきところに、「～てもらいますか／てもらいませんか」を使ってしまった誤用が見られると指摘している。本調査の『商务日语』には「てもらいませんか」が1例見られ、これは「てもらえませんか」の誤用ではないかと考えられる。

　「てくれる」系の7例のうち、6例は社内会話場面の用例である。一方、「てもらえる」系の2例とも社外会話場面の用例であり、このように社内には「てくれる」系、社外には「てもらえる」系が多く見られる。「てくださる」系と「ていただける」系について、「てくださる」系は5例（社内1例と社外4例）であるのに対して、「ていただける」系は22例（社外22例）使われている。このように、「てくださる」系より「ていただける」系の用例数は遥かに多い。

　以上のことから、「肯定疑問文」と「否定疑問文」のいずれも「ていただける」系が最も多く使われており、また「ていただけますか」より「ていただけませんか」のほうが多く使われていることが明らかになった。これは盧（2011）で指摘する中国人日本語学習者が思う最も改まった態度でいる時に使う依頼表現は「ペンを貸していただけませんか」であるということと一致している。理由について、盧（2011）では中国人は聞き手が話し手の依頼に「応じる可能性」に関心を持つからと述べている。本章の調査結果によると、「てくださる」系と「ていただける」系は、両方と

も社内ではあまり使われず、社外では多く使われている。納期や値下げ交渉の時に買い手が売り手に「ていただけませんか」と「ていただけないでしょうか」を多く使用するのに対して、売り手が買い手に「ていただけませんか」と「てくださいませんか」を多く使用している。

## 9. 希望を述べるという形をとる文

　4冊の会話場面における「希望を述べるという形をとる文」の使用状況を表10-9に示す。

　表10-9に示す通り、「希望を述べるという形をとる文」は『商務日語』には7例、『商務日語口語第二版』には13例、『标准商务日语会话第二册』には6例、『新编日语商贸会话』には14例の合計40例使われ、使用数においては教科書による差異が小さい。社内には8例であり、社外には32例である。そのうち、「ていただきたい」類が18例であり、「希望を述べるという形をとる文」の用例の約半分を占めている。

　バリエーションが豊富であるため、山田（2004）を参考にして「希望を述べるという形をとる文」をE類（条件＋評価系）依頼表現、F類（願望系）依頼表現、G類（意志系）依頼表現の3類に分類した。その結果、「ていただきたい」「てほしい」などのF類（願望系）依頼表現は34例使われ、「希望を述べるという形をとる文」の用例の85％を占めている。E類（条件＋評価系）依頼表現とG類（意志系）依頼表現があまり使われず、特にG類（意志系）依頼表現が2例しか使われていない。『新编日语商贸会话』（日本人著者のいる教科書）のみにはE類（条件＋評価系）依頼表現、F類（願望系）依頼表現、G類（意志系）依頼表現のいずれも見られ、他の3冊よりバリエーションが多い。

　「てもらいたい」は社内では4例、社外では1例しか使われていない。社内で上司が部下に対して使用しており、中国語の「想请」に翻訳されている。「ていただきたい」は社外で売り手が買い手に、また買い手が売り手に使用している。4冊合計で18例であり、そのうちの16例は社外場

210

表10-9 会話場面における「希望を述べるという形をとる文」の使用状況

| | | 商務日语 | 商務日语口语第二版 | 标准商务日语会话第二册 | 新编日语商贸会话 | 合計 | |
|---|---|---|---|---|---|---|---|
| いただければありがたいのですが（1例） | 社内 | 0 | 0 | 0 | 0 | 0 | E類 4 |
| | 社外 | 0 | 1 | 0 | 0 | 1 | |
| ていただければと思います（1例） | 社内 | 0 | 0 | 0 | 0 | 0 | |
| | 社外 | 0 | 1 | 0 | 0 | 1 | |
| お〜いただけたらと思っているんですが（2例） | 社内 | 0 | 0 | 0 | 0 | 0 | |
| | 社外 | 1 | 0 | 0 | 1 | 2 | |
| お／ご〜願いたいのです（1例） | 社内 | 0 | 0 | 1 | 0 | 1 | F類 34 |
| | 社外 | 0 | 0 | 0 | 0 | 0 | |
| お願いしていきたいのですが（1例） | 社内 | 0 | 0 | 0 | 0 | 0 | |
| | 社外 | 0 | 0 | 0 | 1 | 1 | |
| お願いしたい（のですがね／のですが／と思いまして）（3例） | 社内 | 0 | 0 | 0 | 0 | 0 | |
| | 社外 | 0 | 0 | 0 | 3 | 3 | |
| お願いいしたいですね（1例） | 社内 | 0 | 0 | 0 | 0 | 0 | |
| | 社外 | 0 | 0 | 0 | 1 | 1 | |
| お願い申し上げたくお電話いたしました（1例） | 社内 | 0 | 0 | 0 | 0 | 0 | |
| | 社外 | 0 | 1 | 0 | 0 | 1 | |
| てもらいたい（ですね／んだよ／んだ／んですがねえ／んです）（5例） | 社内 | 0 | 2 | 2 | 0 | 4 | |
| | 社外 | 0 | 1 | 0 | 0 | 1 | |
| （て／お）いただきたい（のです／のですが／んですが／と存じます／と思います／ですね）（18例） | 社内 | 0 | 0 | 2 | 0 | 2 | |
| | 社外 | 5 | 6 | 0 | 5 | 16 | |
| ていただきたく伺いました（1例） | 社内 | 0 | 0 | 0 | 0 | 0 | |
| | 社外 | 0 | 0 | 0 | 1 | 1 | |
| て欲しい（のですが／と思います）（3例） | 社内 | 0 | 0 | 0 | 0 | 0 | |
| | 社外 | 1 | 1 | 0 | 1 | 3 | |
| お〜いただこうと考えておりました（1例） | 社内 | 0 | 0 | 0 | 0 | 0 | G類 2 |
| | 社外 | 0 | 0 | 0 | 1 | 1 | |
| てもらいましょう（1例） | 社内 | 0 | 0 | 1 | 0 | 1 | |
| | 社外 | 0 | 0 | 0 | 0 | 0 | |
| 合計 | | 7 | 13 | 6 | 14 | | 40 |

面の用例である。このように、社内では「てもらいたい」、社外ではより敬意の高い「ていただきたい」を多く使用する傾向が見られる。

## 10. 社内と社外における使用数の多い依頼表現形式

社内場面・社外場面で多く使われる依頼表現の上位6位を以下の表10-10に示す。表10-10に示す通り、社内では「てください」（35例）が最も多く使われるのに対して、社外では「お願いします」（50例）が最も多く使われている。社内の順位3位から順位6位までの「頼む(頼みます)」「てくれないか（な）」「てもらいたい」「〜て」は社外場面ではあまり使われていない。一方、社外場面で多く使われる「お/ご〜ください」「ていただけませんか」「ていただきたい」「お願いいたします」は社内場面では

表10-10　社内と社外における使用数の多い依頼表現形式

| 順位（社内） | 依頼表現 | 数量 |
|---|---|---|
| 1 | てください | 35 |
| 2 | お願いします | 16 |
| 3 | 頼む（頼みます） | 4 |
| 4 | てくれないか（な） | 4 |
| 5 | てもらいたい | 4 |
| 6 | 〜て | 3 |
| 順位（社外） | 依頼表現 | 数量 |
| 1 | お願いします | 50 |
| 2 | お/ご〜ください | 26 |
| 3 | てください | 24 |
| 4 | ていただけませんか | 18 |
| 5 | ていただきたい | 16 |
| 6 | お願いいたします | 15 |

あまり使われていない。また社内場面では「てください」と「お願いします」の使用に偏っているため、バリエーションは豊富ではない。

## 11. おわりに

　本章では4冊の中国のビジネス日本語会話教科書における依頼表現を調査した。その結果、社内・社外のいずれも間接依頼文より直接依頼文の方が多く使われている。そのうち、「お願いします」と「てください」が最も多く使われる依頼表現である。また中国人日本語学習者が職場場面で使用する依頼表現は中国のビジネス日本語会話教科書から影響を受けていると言えよう。更に社外の改まった場面で「ていただけませんか」が多く使われていることは盧（2011）の指摘を裏付けられると言える。

　中国のビジネス日本語会話教科書における依頼表現の使用の問題点について、以下のことを提案したい。

　(1)「普通形」の依頼表現を増やすこと。今回の調査では「丁寧形」の依頼表現がほとんどであり、「普通形」の依頼表現があまり見られない。

　(2) 上位者から下位者に対して「てください」の過剰使用が見られるため、下位者に対して「てください」のほか、「てくれる？」「てもらえる？」などの「肯定疑問文」や「〜て」という「テ形で言いさす文」など、より豊富な依頼表現種類を使った方が効果的である。

　(3) 社内・社外の場面設定のバランスをより良くすること。社外だけでなく、社内の会話場面も増やすことが望ましい。

　(4)「てくれる」より「てもらえる」系依頼表現を増やすこと。また「てくださる」系を減らすこと。

　(5)「お願いいたします」の使用を減らすこと。中国のビジネス日本語会話教科書には「お願いいたします」が過剰に使用されている傾向が見られる。

　(6) 日本人著者が加わっているかどうかによって、教科書に大きな差異が見られ、また「てもらいませんか」という誤用も見られるため、ビジ

ネス日本語会話教科書を編集する時に日本人著者を加えるか、ネイティブチェックを受けることが望まれる。

　本章では中国のビジネス日本語会話教科書を中心に分析を行ったが、書き言葉の場合、依頼表現の使用状況は異なってくる可能性があると考えられるが、これについては今後の課題とする。

注：

(1)『标准商务日语会话第二册』には「慣用表現」、『商务日语』には「関連用語」、『新编日语商贸会话』には「とっさに使える実用表現」と表記されており、本章では「慣用表現」と統一する。

(2) 59例の「てください」の中で、2例は上下関係が不明である。

(3) 「よろしくお願いします」なども含める。

(4) 64例の「お願いします」の中で、8例は上下関係が不明である。

# 終　章

　本書では人間関係や場面などを考慮した上で、話し言葉と書き言葉に分け、ビジネスの社内場面と社外場面における依頼表現の使用実態を明らかにした。また昭和期から現在に至るまでのビジネス小説における依頼表現の使用状況の変遷を確認した。依頼表現の中で授受動詞に由来する依頼表現が多く使われるようになっているため、これらの依頼表現の使用実態・変遷を調査した。更に依頼表現の使用に上下関係・ジェンダーによる影響を分析した。最後に中国におけるビジネス日本語教育のあり方を明らかにし、中国のビジネス日本語教育におけるいくつかの提案をした。

　その結果、ビジネス場面では「間接依頼文」より「直接依頼文」が好まれている。話し言葉と書き言葉、また社内と社外の依頼表現の使用に違いが見られる。また上下関係・話し手の性別、聞き手の性別が依頼表現の使用に影響を与えていることが指摘できる。依頼表現の使用の変遷について、授受動詞に由来する「てくれる」系、「てくださる」（「てください」を含まない）系依頼表現の使用が減る一方で、「てもらう」系、「ていただく」系の使用が増加し続ける傾向が見られる。また、銀行ホームページの「お知らせ」には 2020 年以降に「賜りますよう」の使用数が「いただきますよう」を超えている。

　また、ビジネス小説では 1970 年後半まで下位者に依頼する時に「てください」はあまり使用されていないが、1970 年後半からは下位者に依頼する時にも多く使うようになったことが指摘できる。このように、昭和期

から今に至るまで依頼表現の使用に変化が見られる。

更に、日本語母語話者と中国語母語話者を調査対象としてビジネス場面における依頼表現に関するアンケート調査を行い、日本語母語話者と中国語母語話者が使用する日本語の依頼表現の実態を明らかにした。また、アンケート調査から得られた中国語母語話者が使用する依頼表現の傾向は中国のビジネス日本語教育と関係があると指摘できる。

## 1. ビジネス場面における現代書き言葉の依頼表現の使用実態

本書ではビジネス文書マニュアル本と銀行ホームページの「お知らせ」を調査対象として現代の書き言葉における依頼表現を調査した。

ビジネス文書マニュアル本の社外文書、社交文書、社内文書における依頼表現の使用に違いがある。社外文書には「くださいますようお願い申し上げます」、社交文書には「賜りますようお願い申し上げます」、社内文書には「お/ご〜ください」が最も多く使われている。また「お/ご〜ください」「のほどお願い申し上げます」「賜りますようお願い申し上げます」「くださいますようお願い申し上げます」は社外、社交のいずれにも多く使用されている。一方、「お/ご〜ください」は社外・社交・社内のいずれにも多く使用されているが、「てください」は社内のみに多く使われ、社外・社交にはあまり使われていない。

ビジネス文書マニュアル本と銀行ホームページの「お知らせ」を比べると、「お/ご〜ください」が多く使われていること、「いただけますよう」「いただけるよう」という「いただける」系があまり使用されていないことが両者に共通している。一方、両者の依頼表現の使用に大きな違いが見られ、ビジネス文書マニュアル本には「直接依頼文」(3類) と「間接依頼文」(3類) のいずれも使われているが、銀行ホームページの「お知らせ」には「間接依頼文」の用例が見られず、「直接依頼文」の「命令形で終わる文」と「〈依頼する〉旨を明示的に述べる文」しか使われていない。その違いの理由はビジネス文書マニュアル本にはある特定の企業や客への文書が多く、一方、

銀行ホームページの「お知らせ」には全体の取引先や客への文書が多いため、同じ書き言葉でありながら大きな違いが生じたのではないかと考えられる。

更に、「くださる」・「いただく」の使用について、ビジネス文書マニュアル本と銀行ホームページの「お知らせ」には違いも見られる。ビジネス文書マニュアル本には「いただきますよう」より「くださいますよう」、「いただくよう」より「くださるよう」が多く使用されているが、銀行ホームページの「お知らせ」には全体的に「いただきますよう」「いただくよう」という「いただく」系のほうが多く使われている。この違いの理由は調査したビジネス文書マニュアル本は 2010 年前後に出版されたものであり、銀行ホームページの「お知らせ」は近年のものも含まれているためではないかと考えられる。

## 2. ビジネス小説における依頼表現の使用実態・変遷

昭和後期から平成以降に出版されたビジネス小説を調査資料としてビジネス小説における依頼表現の使用実態・変遷を調査した。

共通点について、昭和後期から現在に至るまで「間接依頼文」より「直接依頼文」の方が好まれている。その理由はビジネス場面では日常会話と異なり、効率を高めるため、婉曲的な言い方より「直接依頼文」を多く使用するためではないかと考えられる。「直接依頼文」のうち、社内・社外問わず、「命令形で終わる文」が最も多く使われる依頼表現形式であり、社内では「てくれ」、社外では「てください」が最も多く使われている。「命令形で終わる文」のほか、「希望を述べるという形をとる文」「〈依頼する〉旨を明示的に述べる文」が多く使われていること、また「肯定疑問文」の用例数が最も少ないことは昭和後期から現在に至るまでのビジネス小説に共通している。また「肯定疑問文」より「否定疑問文」が多く使われていることも昭和後期から変わりがない。さらに、昭和期から現在に至るまでのビジネス小説には社内・社外問わず「お願いいたします」「お願い申し

上げます」があまり使われず、「お願いします」が多く使われている。また「てくれ」「てほしい」「頼む」は男性によって多く使用され、「〜て」「〜ないで」は女性によって多く使われている。このように男女の言葉の接近が言われてはいるものの、ビジネス小説における依頼表現の使用において、昭和後期から現在に至るまで男女差は依然としてある程度存在していると言えるのではないかと考えられる。

　一方、時代と共にビジネス小説における依頼表現の使用に変化が見られる。昭和後期のビジネス小説には「てもらう」系より、「てくれる」系の用例が多い。特に「てもらえないか」「てもらえませんか」などの「てもらえる」系（否定形）より、「てくれないか」「てくれませんか」などの「てくれる」系（否定形）の方が用例は遥かに多い。このように、昭和後期のビジネス小説には「てくれる」系は主流であると言える。しかし、平成以降のビジネス小説には「てくれる」系と「てもらう」系の総使用数においてはあまり差が見られなくなり、特に社外場面では「てもらう」系依頼表現の方が多く使われるようになる。ビジネス小説には「てもらう」系依頼表現の使用が広がっていると言える。また、「希望を述べるという形をとる文」について、昭和期から現在まで「てほしい」「てもらいたい」などのＦ類（願望系）依頼表現が最も多く使われていることは変わりがないが、平成期になると、「ていただければ」というＥ類（条件＋評価系）依頼表現の使用の増加傾向が見られる。さらに「てほしい」について、工藤（1979）は「てほしい」が昭和後期から盛んに使われるようになると指摘しているが、本書で調査した『総会屋錦城』（1959年）、『天下を取る』（1960年）、『動脈列島』（1974年）の3作品には「てほしい」の用例はそれぞれ4例、3例、2例の合計9例しか見られず、一方、『社長解任』（1979年）の1作品のみには21例使われることから、ビジネス小説における「てほしい」の使用は1960年代、また1970年前半にはまだあまり使われず、1970年後半以降に盛んに使われるようになったと言って良いかと思われる。更に「てほしい」は平成以降の小説にも使われているが、作品による差異が大きい。

しかし、昭和期から現在まで「てほしい」は男性によってより多く使われていることは共通している。

　ビジネス小説の中で最も用例数の多い「てください」の変遷について、「てください」と「ないでください」のいずれも昭和期から平成期まで「勧め」機能より「依頼」機能が主な機能として使われていることが明らかになった。また「てください」の「依頼」機能について、ビジネス小説では1970年後半まで下位者に依頼する時に「てください」があまり使用されていないが、1970年後半から下位者に依頼する時にも多く使うようになったことが指摘できる。それにより、1970年後半の作品には社内における「てください」の使用が急増したと推測される。

### 3. 上下関係・ジェンダーの依頼表現に及ぼす影響
　ビジネスドラマの同部署における会話場面を調査対象として相手との上下関係、話し手の性別、聞き手の性別が依頼表現の使用にどのように影響を与えているのかを検証した。その結果、上位者、同位者より下位者に依頼する場合が多い。そのため、丁寧度の低い「直接依頼文」である「テ形で言いさす文」が最も多く使われる依頼表現形式となっている。また「直接依頼文」の用例数は「間接依頼文」の約5倍であり、これはビジネス場面で相手にはっきりと何かを伝えるのが重要であるためではないかと推測される。一方、「間接依頼文」について、「否定疑問文」より「肯定疑問文」が多く使われており、また「希望を述べるという形をとる文」があまり使われていない。これは第4章で調査したビジネス小説における依頼表現の使用状況と大きく異なる。その違いの理由は、第4章は社内の同部署だけでなく、他部署との会話も調査していることによるものではないかと推測される。そのため、「否定疑問文」より「肯定疑問文」が多く使われていること、また「希望を述べるという形をとる文」があまり使われていないことは社内の同部署における依頼表現の使用の特徴と言えるのではないと考えられる。

相手との上下関係、話し手の性別または聞き手の性別が依頼表現の使用に与える影響は以下の通りである。

## 上下関係による影響
　社内の同部署では上位者、同位者より下位者に使用する依頼表現が多い。また男女とも上位者に対して「てください」を最も多く使用しており、下位者に対して「テ形で言いさす文」を最も多く使用している。上位者に対して、男女とも「テ形で言いさす文」をあまり使用していない。
　「〜て」の使用について、小林（2003）では「〜て/〜ないで」は比較的女性に多く使われると指摘しているが、社内の同部署では、男性は上位者と同位者に対してあまり使用しないが、下位者に対して「〜て/〜ないで」を多く使用している。
　また「肯定疑問文」と「否定疑問文」の使用は上位者に「丁寧体」、下位者に「普通体」で使い分けている傾向が見られる。「肯定疑問文」は主に「普通体」で下位者に、「否定疑問文」は主に「丁寧体」で上位者に多く使用していると言える。
　授受動詞に由来する依頼表現について、「てくださる？」「てくださいますか」などの「てくださる」系の用例は見られず、「てくれる」系は下位者にしか多く使用しておらず、上位者にあまり使用していない。一方、「てもらえる」系は上位者、同位者、下位者のいずれに対しても使用している。「ていただける」系は下位者に使用しておらず、上位者と同位者に使用する用例が見られる。このように、授受動詞に由来する依頼表現について、どの授受動詞を使うかは相手の地位から影響を受けていると言えよう。

## 話し手の性別による影響
　下位者に対して女性が「〜て」、男性が「〜て」のほか、「頼む」も多く使用している。また同位者に依頼する場合、男女の「〜て」の使用に差異が見られ、男性が「〜て」を女性ほど多く使用していない。また女性が使

わない「てくれ」「頼む」は男性によって使用されている。このようにビジネス場面では、男女差は依然としてある程度存在していると言えるのではないかと考えられる。

**聞き手の性別による影響**

　男女とも下位者に「〜て」を最も多く使用しており、また「てください」を使用する用例も見られる。下位者に使用する「てください」について、男女とも男性より女性に「てください」を多く使用している。「てください」は「〜て」より丁寧度が高いため、女性が男性より同性（女性）に、男性が男性より異性（女性）により丁寧度の高い依頼表現を使用していると言えるのではないかと考えられる。

　また丁寧度の高い「ていただける」系は下位者に使用する用例が見られないが、上位者と同位者に使用する用例が見られる。同位者に使用する「ていただける」系の全ての用例は女性が女性に対して使用している。これも女性が男性より同性（女性）に丁寧度の高い依頼表現を使用することを裏付けられる。

**4.「くださる」系・「いただく」系・「いただける」系の実際の使用状況**

　「くださる」の使用が減り、「いただく」の使用が広がっているとしばしば指摘されている。「くださる」系・「いただく」系・「いただける」系依頼表現の使用状況について、本書はビジネスメールにおける使用状況を調査したほか、アンケート調査を行い、社会人の中国語母語話者と日本語母語話者の使用状況も調査分析した。また「賜る」もよく見かけるため、銀行ホームページの「お知らせ」を調査資料として年代別に「くださる」「いただく」「いただける」「賜る」を抽出し、これらの依頼表現の使用状況・変遷を調査した。

　ビジネスメールには「いただければ」の用例数が最も多く、「くださいますよう」と「いただきますよう」を超え、最も多く使われている依頼表

現となっている。また、「くださいますよう」と「いただきますよう」は、先行研究の結果と同様にほぼ拮抗した状態が続いている。「いただけますよう」も多く使われている。また社会人の中国語母語話者と日本語母語話者を調査対象としたアンケート調査の結果について、中国語母語話者と日本語母語話者のいずれも社内では「ていただけませんか」、社外では「くださいますよう」「いただきますよう」を多く使用している。社外の客に対して負担度の大きいことを依頼する時に「いただける」系を多く使用するようになり、これは井出（1986）で指摘した「くれる」「もらえる」「くださる」より「いただける」が丁寧だということと一致している。一方、「くださいますよう」と「いただきますよう」における中国語母語話者と日本語母語話者の使用状況に違いが見られる。日本語母語話者は「いただきますよう」、中国語母語話者は「くださいますよう」を多用している。日本語母語話者の使用状況は「くださる」系より「いただく」系の使用が広がっていることを示している。一方、中国語母語話者が「くださいますよう」を多く使用する理由は中国のビジネス日本語会話教科書から影響を受けているからではないかと考えられる。また中国語母語話者は日本語母語話者より使用する依頼表現のバリエーションが少なく、更に相手と場面によって依頼表現をよく使い分けていないという問題点が見られる。孫（2012）では中国人は授受動詞を選択するとき、「ウチ・ソト」より、行為の与え手との上下関係がより重視されると指摘しているが、本書のアンケート調査の結果によると、中国語母語話者は相手の地位が上がるにつれ、より丁寧度の高い依頼表現を使うが、社外の客に対してさらに丁寧度の高い依頼表現を使用している。この違いは孫（2012）では中国にある大学の学生を調査対象にしているが、本書では日本で就職している中国人を調査対象としたためではないかと考えられる。ビジネス場面において在日中国人の依頼表現の使用は日本社会の影響を大きく受けていると言える。

　ビジネスメールとアンケート調査の結果から、日本語母語話者の「いただく」系、「いただける」系の使用が広がっている傾向が見られる。一方、

銀行ホームページの「お知らせ」には「いただく」の使用増加が見られるが、「いただける」系の用例はまだ少ない。これは「いただけますよう」に代わって丁寧度の高い「賜りますよう」のほうが多く使われているためではないかと考えられる。

　銀行ホームページの「お知らせ」には「くださる」「いただく」「いただける」「賜る」のいずれも普通形より丁寧形のほうが多く使われている。丁寧度の高い依頼表現のほうが好まれていると言える。また、これらの銀行ホームページでは最も多く使われる依頼表現は年代と共に変わっている。2013 年以降、「いただきますよう」が「くださいますよう」に代わり、2020 年以降、「賜りますよう」が「いただきますよう」に代わって最も多く用いられている。このように、現代日本のビジネス社会で必要とされる敬語表現は丁寧度の高いものへ変わりつつあると言って良いと思われる。

## 5．中国におけるビジネス日本語教育のあり方及び提案

　中国のビジネス日本語会話教科書における依頼表現を調査して中国のビジネス日本語教育のあり方を明らかにした。その結果、社内・社外のいずれも「間接依頼文」より「直接依頼文」の方が多く使われている。そのうち、「お願いします」と「てください」が最も多く使われる依頼表現である。また第 9 章のアンケート調査、第 10 章の中国のビジネス日本語会話教科書における依頼表現の調査結果から、中国人日本語学習者が職場場面で使用する依頼表現は中国のビジネス日本語会話教科書から影響を受けていると言えよう。更に中国のビジネス日本語会話教科書における社外の改まった場面では「ていただけませんか」が多く使われていることは盧（2011）の指摘を裏付けている。

　中国のビジネス日本語会話教科書における依頼表現の使用の問題点について、以下のことを提案する。

　（1）今回の調査では「丁寧形」の依頼表現がほとんどであり、「普通形」

の依頼表現があまり見られない。そのため、「普通形」の依頼表現を増やすことによって、中国人日本語学習者が「普通形」と「丁寧形」をよりよく使い分けることが期待できる。

（2）上位者から下位者に対して「てください」の過剰使用が見られるため、下位者に対して「てください」のほか、「てくれる？」「てもらえる？」などの「肯定疑問文」や「〜て」という「テ形で言いさす文」など、より豊富な依頼表現種類を使った方が効果的である。

（3）社内・社外の場面設定のバランスがよくないため、社外だけでなく、社内の会話場面も増やすことが望ましい。

（4）「てくれる」より「てもらえる」系依頼表現を増やす一方で、「てくださる」系を減らすことが望まれる。

（5）中国のビジネス日本語会話教科書には「お願いいたします」が過剰に使用されている傾向が見られ、「お願いいたします」の使用を減らすことが望ましい。

（6）日本人著者が加わっているかどうかによって、教科書に大きな差異が見られ、また「てもらいませんか」という誤用も見られるため、ビジネス日本語会話教科書を編集する時に日本人著者を加えるか、ネイティブチェックを受けることが望まれる。


## 6. 今後の課題

2010年前後に出版されたビジネス文書マニュアル本では「いただきますよう」より「くださいますよう」が依然として多く使われていると言える。現在市販のビジネス文書マニュアル本の刊行が少なくなり、先行研究で指摘された通り、近年になって「いただきますよう」が「くださいますよう」とほぼ同等か同等以上に頻繁に使用されているかどうかについて確認することが難しくなっており、疑問として残されている。また、平成期より以前の時代のビジネス文書マニュアル本における依頼表現の使用状況についても興味深い。

終章　225

　社内の同部署における依頼表現の使用に上下関係・ジェンダーなどが与える影響を分析した。年齢や社内の声望が依頼表現の使用に影響を与える用例が見られるが、本書の調査ではこのような例文が少ないため、年齢による影響は今後更に検討する必要がある。

　また、銀行ホームページの「お知らせ」では 2013 年以降「いただきますよう」が「くださいますよう」に代わり、2020 年以降「賜りますよう」が「いただきますよう」に代わって最も多く用いられている。このように現代日本のビジネス社会では必要とされる敬語表現は丁寧度の高いものへ変わりつつあると言って良いと思われるが、今後どうなっていくのかについても興味深い。

　本書では依頼する前の前置き表現や依頼のスタイルなどを考慮に入れず、依頼表現形式のみに注目した。今後ビジネス場面における依頼表現のスタイルを考察していきたい。

# 参考文献

相原まり子（2008）「依頼表現の日中対照研究—相手に応じた表現選択—」『言語情報科学』6，東京大学大学院総合文化研究科言語情報科学専攻，pp1-18

井出祥子（1986）『日本人とアメリカ人の敬語行動—大学生の場合』南雲堂

上原由美子(2007)「「ていただく」の機能：尊敬語との互換性に着目して」『神田外語大学言語科学研究センター紀要』6，神田外語大学言語科学研究センター，pp185-207

岡本真一郎(1988)「依頼表現の使い分けの規定因」『愛知学院大学文学部紀要』18，愛知学院大学文学会，pp7-14

柏崎秀子（1992）「話しかけ行動の談話分析—依頼・要求表現の実際を中心に」『日本語教育』79，日本語教育学会，pp53-63

金澤裕之(2007)「「てくださる」と「ていただく」について」『日本語の研究』3(2)，日本語学会，pp47-53

蒲谷宏(2007)「「丁寧さ」の原理に基づく「許可求め型表現」に関する考察」『国語学研究と資料』30，国語学研究と資料の会，pp37-46

北澤尚(2008)「「〜いただきますようお願い申し上げます」と「お〜くださいますようお願い申し上げます」」『近代語研究』14，武蔵野書院，pp343-358

京野千穂・内田由紀子・吉成祐子(2015)「援助行動に対する話者の認知が授受補助動詞テモラウ・テクレルの使用に与える影響：質問紙調査による分析」『社会言語科学』17 (2)，社会言語科学会，pp56-67

工藤真由美（1979）「依頼表現の発達」『国語と国文学』56 (1)，明治書院，pp46-64

現代日本語研究会（1997）『女性のことば・職場編』ひつじ書房

現代日本語研究会（2002）『男性のことば・職場編』ひつじ書房

小林美恵子(2003)「職場における命令・依頼表現—ジェンダー的視点から見る—」

『ことば：研究誌』24，現代日本語研究会，pp13-25

塩田雄大・山下洋子（2013）「"卵焼き"より"玉子焼き"—日本語のゆれに関する調査(2013年3月)から—」『放送研究と調査』63（9），pp40-59

清水勇吉（2009）「依頼表現に見るポライトネス—性差のかかわりを中心に—」『徳島大学国語国文学』22，徳島大学国語国文学会，pp35-53

孫成志(2012)「授受補助動詞を用いた依頼表現の使用に関する一考察」『日本語・日本文化研究』22，大阪大学大学院人文学研究科日本学専攻応用日本学コース，pp121-133

高村英里奈（2014）「依頼表現について—文末表現に焦点を当てて—」『言語文化研究』22，東京女子大学言語文化研究会，pp39-51

田中章夫（2002）『近代日本語の語彙と語法』東京堂

丁玲玲（2012）「中国の日本語教科書における「依頼表現」に関する一考察」『九州共立大学研究紀要』3（1），九州共立大学，pp65-74

野呂健一（2015）「現代日本語の依頼表現における「いただく」使用の広がりとその要因」『高田短期大学紀要』34，高田短期大学，pp133-142

茅桂英（2021）「ビジネス場面における依頼表現について—企業で実際に用いられているメールを調査対象として」『國學院大學大学院文学研究科論集』48，國學院大學大学院文学研究科学生会，pp57-76

茅桂英（2021）「ビジネス文書マニュアル本における依頼表現」『国学院大学大学院紀要文学研究科』53，國學院大學大学院，pp53-77

茅桂英（2023）「昭和後期のビジネス小説における依頼表現について」『国学院大学日本語教育研究』14，國學院大學日本語教育研究会，pp56-69

茅桂英（2023）「「てください」の使用状況の変遷について—ビジネス小説を調査対象として—」『日本語／日本語教育研究』14，日本語／日本語教育研究会，pp37-51

茅桂英（2023）「平成以降のビジネス小説における依頼表現」『東アジア文化研究』8，东亚文化研究会編，pp327-354

茅桂英（2023）「ビジネス場面における依頼表現—中国語母語話者と日本語母語話者とを比較して—」『國學院大學大学院文学研究科論集』50，國學院大學大学院文学研究科学生会，pp57-68

前田広幸（1990）「「～て下さい」と「お～下さい」」『日本語学』9（5），明治書院

松村明(2010)『大辞林第3版』三省堂

森田良行(1980)『基礎日本語2 意味と使い方』角川書店

森田良行（1985）「私は要りません。持ってください」『誤用文の分析と研究：日本語学への提言』明治書院

森勇太（2010）「行為指示表現の歴史的変遷—尊敬語と受益表現の相互関係の観点から—」『日本語の研究』6（2），日本語学会，pp78-92

安本真弓（2009）「依頼表現スタイルの日中対照研究—映画・テレビ・現代劇のシナリオから」『野州國文學』82，國學院大學栃木短期大學國文學會，pp1-17

山田敏弘(2004)『日本語のベネファクティブ—「てやる」「てくれる」「てもらう」を中心に—』明治書院

吉井健（2000）「「～してください」の用法—「命令・依頼・勧め」の関係—」『文林』34，神戸松蔭女子学院大学学術研究会，pp13-26

盧万才（2011）「中国人日本語学習者の依頼表現習得状況の考察—日中対照の視点から」『麗沢大学紀要』92，麗沢大学，pp185-206

若生久美子・神田富美子（2000）「中国語における依頼表現の丁寧度」『中国語学』247，中国語学研究会，pp294-310

Blum-Kulka,S.,House J.,&Kasper G.(1989).Investigating cross-cultural pragmatics:an introductory overview.In S.Blum-Kulka,J.House&G. Kasper(eds),Cross-cultural.pragmatics:Requests and apologies,1-34. Norwood,NJ:Ablex.

# 謝　辞

　本書は、國學院大學博士論文出版助成金の交付を受けたものです。

　本書を結ぶにあたり、本書を遂行する上でご指導、ご鞭撻とご援助をいただいた方々に感謝の意を表します。

　國學院大學文学研究科諸星美智直教授には、筆者が院生の時以来、本研究の構想からデータ解析、本書作成に至るまで、終始一貫して温かいご指導とご鞭撻をいただきました。甚大なる感謝の意を表します。

　國學院大學文学部日本文学科菊地康人教授にはさまざまなご指導、ご助言をいただき心よりお礼申し上げます。

　國學院大學文学部兼任講師坂本薫先生には内容の添削、またご助言をいただきありがとうございました。

　アンケート調査のご協力をいただいた方々に感謝の意を表します。

　最後に、これまで私を温かく応援してくれた両親、私を明るく励まし続けてくれた夫に心から感謝します。

〈著者紹介〉

# 茅 桂英 （ボウ ケイエイ）

　1989 年、中国湖北省生まれ。海南大学旅行管理部応用日本語コース卒業後、来日。ICA 日本語学校を経て、國學院大學文学研究科日本語教育コース修士課程に進学し、修士の学位を取得。その後、日本の商社で 3 年間勤務。2024 年 3 月に國學院大學文学研究科日本語教育コース博士課程を修了し、博士号を取得。中国のオンラインスクール「沪江 (Hu Jiang)」で日本語教師として日本語を教えた経験がある。現在は國學院大學大学院研究員として活動中。

〈著作・論文〉
・茅桂英（2021）「ビジネス場面における依頼表現について―企業で実際に用いられているメールを調査対象として」『國學院大學大学院文学研究科論集』48，國學院大學大学院文学研究科学生会
・茅桂英（2021）「ビジネス文書マニュアル本における依頼表現」『國學院大學大学院紀要文学研究科』53，國學院大學大学院
・茅桂英（2023）「昭和後期のビジネス小説における依頼表現について」『國學院大學日本語教育研究』14，國學院大學日本語教育研究会
・茅桂英（2023）「「てください」の使用状況の変遷について―ビジネス小説を調査対象として―」『日本語 / 日本語教育研究』14，日本語 / 日本語教育研究会
・茅桂英（2023）「平成以降のビジネス小説における依頼表現」『東アジア文化研究』8，东亚文化研究会編
・茅桂英（2023）「ビジネス場面における依頼表現―中国語母語話者と日本語母語話者とを比較して―」『國學院大學大学院文学研究科論集』50，國學院大學大学院文学研究科学生会
・茅桂英 (2024)「中国のビジネス日本語会話教科書における依頼表現」『國學院大學大学院文学研究科論集』51，國學院大學大学院文学研究科学生会
・茅桂英 (2024)「ビジネス場面における依頼表現―銀行ホームページの「お知らせ」を調査対象として―」『東アジア文化研究』10，东亚文化研究会編
・茅桂英 (2024)「ビジネス場面における依頼表現―上下関係・話し手の性別・聞き手の性別による影響―」『論究近代語』3，日本近代語研究会

〈受賞履歴〉
・2017 年 7 月、第 15 回八王子大会女子留学生日本語弁論大会で準優秀賞受賞
・2018 年 7 月、第 16 回八王子大会女子留学生日本語弁論大会で最優秀賞受賞

〈趣味〉
　旅行、ランニング、登山などアウトドア活動。

# ビジネス日本語における依頼表現

2024 年 10 月 29 日　初版発行

著　者　茅　桂英 ⓒ BOU KEIEI
発行者　登坂　和雄
発行所　株式会社　郵研社
　　　　〒 106-0041　東京都港区麻布台 3-4-11
　　　　電話（03）3584-0878　FAX（03）3584-0797
　　　　ホームページ http://www.yukensha.co.jp

印　刷　モリモト印刷株式会社

字数　191,268

ISBN978-4-907126-70 -4　C3037
2024 Printed in Japan
乱丁・落丁本はお取り替えいたします。